思考力が育つ
地図＆地球儀
の活用

寺本 潔 著

教育出版

はじめに

地図が育む思考力

　「地図が育む思考力」（以下，地図思考力と略）とは，社会生活をおくる上で地図を思い浮かべながら考えることのできる力，場所の違いや変化を認識する力，自国や外国までの空間の広がりが認知できる力と定義したい。学校教育でこの力を養うとすれば，その責任を担っている教科は，社会科となる。地図思考力は子ども自身の問題解決力を育む土台になり，同時に言語活動の充実とともに育まれる。くわしくは序章以降で述べるが，地図や地球儀は社会科の思考力を育てる重要な道具であり，同時に知識や技能などを獲得する学習内容でもある。これまで地図・地球儀に関しては，単に資料活用や技能の力を磨く上で必要な教材・教具としての見方にとどまっていた。その見方を大きく転換する必要がある。地図・地球儀は，言語の操作能力（表現）の発達と相俟って社会科の思考力を育む力に寄与する存在だからである。本書では「ちずことば」という用語を使ってこの点を詳しく検討している。さらに，「ちずことば」に加えて地図と地球儀をセットで，「地図アンド（&）地球儀」の形で併用する機会を増やすことも本書で提案したい。

　ところで，小学校社会科の全単元において，地図はどの程度，活用できる場面があるだろうか。地図という概念をどのように捉えるかにもよるが，第3・4学年で扱う「古い道具と暮らしの変化」や第6学年で学習する「国会・内閣・裁判所や日本国憲法」などの二，三の単元を除き，大半の単元で地図を扱うことになる。3年の単元「スーパーマーケットの売り方の工夫」にしても，売り場地図や野菜が生産地か

らスーパーまで運ばれてくる地図が必要であるし，4年「くらしと水」「くらしとゴミ」，「警察や消防の働き」などでも，飲料水の確保が分かる地図やゴミ処理場の立地の地図，消防署同士の協力体制を示す地図など，地図がきっかけとなって思考・判断し自分の考えを表現する場面がある。6年単元「日本の歴史」にしても，各時代の歴史の舞台は地図無しではうまく想像できない。地図もしくは地図＆地球儀の活用により思考力が育まれれば，「物事をとらえる広い視野や異なったアングル」「地図や地球（儀）を思い浮かべて考えようとする図的思考」「場所の多様性への理解と寛容性」が身に付く。

　早速，本書の構成を説明しよう。本書は，序章を設けて，なぜ地図＆地球儀活用が大切であるか，その意味と意義を丁寧に論じてみた。予想以上に地図や地球儀が活用できる単元が多いことにも気付いてもらえるに違いない。続く，1章は，「活用の留意点」と題して地図＆地球儀が，言語活動の充実にも大いに関係していることを「ちずことば」という用語を作って論じてみた。さらに，2章は，生活科指導を中心に低学年における地図指導の重要性を指摘した。生活科が，子どもの空間認識の発達適時を見過ごし，事実上，空間認識の形成や地図を扱う基礎技能を，全くといっていいほど養っていない問題点を指摘した。続く3章では，中学年における活用に焦点を当てて論じた。空間的な視野が急激に拡大するこの時期こそ，地図を軸として社会科の思考力が育つ大切な機会である。

　4章は，高学年を論じる前に，第4学年の単元「わたしたちの○○県」の扱いを観光単元に組み替えては，という提案を試みた。県の単元は，どうしても自然や交通，産業，まちづくりなど項目別に輪切りに扱うことが多く，問いの醸成に引き寄せにくい問題点を抱えているからである。

5章は，地球儀活用が重視される高学年の指導例を解説してみた。さらに，地図＆地球儀として併用することで確実に思考力が高まるのではないか。小学校社会科で培うべき思考力と地図＆地球儀活用の関連を示したい。さらに中学校の社会科（とくに地理的分野）へといかにつないでいったらよいのかにも触れてみた。

　最終の6章は，地図・地球儀活用のストラテジー（戦略）と題して，これからの指導の在り方や防災学習への活用を論じてみた。欧米の教育界における地図＆地球儀指導は水準が高いところから，その状況を見てみる。英国系の諸国では「グラフィカシィ」と呼ばれる図的思考力が系統的に重要視され，米国においても「マップ＆グローブスキル」という用語で小学校低学年より推し進められている。この点からも本書は，子どもの空間認識の発達や学力全体の観点から，子どもが読解し，思考した結果を表現したり，思考を抽象化させたりする場面において，地図＆地球儀学習が極めて大切な学習であることを知ってもらいたくて執筆したのである。

　末筆ながら，前著『言語力が育つ社会科授業』に引き続き，本書の刊行を快諾して下さった教育出版㈱の役員の方々並びに編集の労をとっていただいた秦浩人氏に深くお礼申し上げたい。また，池俊介（早稲田大），田部俊充（日本女子大），志村喬（上越教育大），吉田和義（創価大）をはじめとする各氏には，日頃から様々な示唆を筆者に与えていただいた。さらに，有田和正（東北福祉大）先生には若輩の頃から社会科授業研究の面白さを導いて下さった。これらの学恩に対し，記して感謝の意を表したい。

　　　　　　　　　　　平成24年初夏　　玉川の丘にて　　寺本　潔

思考力が育つ地図＆地球儀の活用

はじめに

序章　地図＆地球儀活用の意味と意義　*01*

第1節　同心円的拡大方式の問題点
第2節　都道府県名・大陸・国名はなぜ覚えなくてはならないか

1章　地図＆地球儀活用の留意点　*16*

第1節　地図+言葉（ちずことば）で思考を促す指導
第2節　地球儀指導の3メソッド

2章　低学年での活用例－生活科から社会科へつなぐ指導－　*26*

第1節　絵地図は読めても平面地図が読めない子ども
第2節　ルートマップからサーベイマップへの発達を促す指導

3章　中学年での活用例－空間認識の拡大期－　*37*

第1節　3年生の地図指導は方位→距離・縮尺→記号の順で教えよう
第2節　3年「学校のまわり」のフィールドワーク
第3節　社会科地域学習の基盤をつくる　方位距離図・等高段彩の活用
第4節　学びのアンカー・ポイントを増やす授業
第5節　水・ごみ学習と県学習で進める地図の活用

4章　観光を教材開発する　*61*

第1節　社会科における観光をテーマとした学習の意義
第2節　小学校社会科第4学年における観光単元の実践
第3節　観光立県，沖縄における小学校社会科実践

5章　高学年での活用例 −中学校の社会科へつなぐために−　*81*

第1節　位置・同定・対比・移動・関係をたずねる発問が鍵となる
第2節　統計・地勢・気候の指導
第3節　地図帳で日本の国土や7地方を調べよう
第4節　地図を活用し自動車工業の立地をさぐる産業学習
第5節　地図で教える5年「くらしを支える工業と情報」の学習
第6節　高学年の地図指導は「広がり」と「人物の動き」で見えてくる
第7節　中学校へつなぐ指導−地理的分野「アメリカ合衆国」の学習−
第8節　中学校へつなぐ指導−土地利用と段彩から地理的な見方を習得−
第9節　小学校高学年から中学校につなぐ地球儀の指導ポイント

6章　地図＆地球儀活用のストラテジー　*118*

第1節　6年生や低学年でも使える地球儀
第2節　アメリカで重要視されるマップ＆グローブ指導
第3節　英国のグラフィカシィから学ぶ地図学習
第4節　地図＆地球儀で学ぶ防災の授業

あとがき

序章 地図&地球儀活用の意味と意義

第1節 同心円的拡大方式の問題点

　社会科において地図&地球儀は，どの程度の比重を占めているのだろうか。学習指導要領に立ち返り，整理してみたい。第3学年から第6学年まで配置されている小学校の社会科は，各学年に目標と内容が決められており，子どもの社会認識と公民的資質の伸長を図るため，多様な学習内容が用意されている。中学校と異なり，分野別で構成されておらず，主題（単元）別に構成されている。

　ところで，生活科が登場する平成元年以前においては，社会科は小学校低学年から開始され，家庭・近隣・学区・市（町・村），県（都・道・府），国土，外国というように学年進行に応じて，学習領域が順々に外延的に拡大し，いわば同心円的な学習領域の拡大方式が採用されていた。この背景には，児童は身近な事象の方が理解しやすく，社会機能の理解の上でも経験知が関わる範囲内の事象を学べばよい，直接経験できない県外や国外，世界全体のことは類推できないため，できるだけ上の学年で扱うべきである，との意識がカリキュラムの根底にあった。

　しかし，今般の小学校学習指導要領「社会」においては，従来みられたような厳密な形の同心円的拡大方式は採用されていない。例えば，第3及び4学年の学習内容にある「県（都道府）の様子」を扱う場面で，身近な自県以外の「47都道府県の名称と位置」が挿入されている。また，第5学年の国土の様子を扱う場面で日本列島とその周辺の地理的事象だけにとどまっていた従来の扱い方をやめ，「世界の主な大陸と海洋」「主な国々の名称と位置」が登

場した。学年の区切りが空間的な学習領域の区切りにならないで，いわば「入れ子構造」になる形で外延的な拡大方式を採用したのである。

これまで同心円的拡大方式が採用されてきたもう一つの背景には，子どもの空間認識の発達を踏まえたというより，学習構成の点から，学年で区切った方が内容のまとまりが作りやすいといった教育課程作成側の論理が重視されていたことも否めない。例えば，平成10年版の学習指導要領においては，学習領域は階段を学年ごとに積み上げていくように極めて厳密に決められ，その結果，3年は市，4年は県，5年は国，6年の3学期になってようやく「日本とつながりのある外国」が登場するというやや閉塞感を伴った事態を招いていた。

現代の子どもの地理的な空間認識を調べてみると，幼いころから国内の他地域や外国の情報と接し，興味や関心が必ずしも身近な地域に限られているわけではないことが顕著になっている。子どもの中には，県外や外国へ出かけた経験を持つ場合もある。幼い子どもは，学区や市の身近な地域のことしか理解できないと速断するのでなく，また身近な地域の事象の方が易しい内容であるとは限らないことを教師も認識する必要がある。このような認識には，グローバル社会や知識基盤社会の進展も追い風となっている。広い視野から自県や自国をつかませ，子どもたちを正しい世界像に導く社会的な要請が強まっている。この点からも平成20年に改訂された今般の学習指導要領は，子どもの空間認識を促す指導において一定の改善が施された改訂と評価できよう。

🌐 地域・国土・歴史学習の配置

しかし，学年の区切りと学習領域の区切りを同一にするという厳密さはなくなったものの，依然として大筋では同心円的拡大方式に近いままである。第3学年及び4学年の内容をみてみれば，子どもの在住する市町村や都道府県の社会事象を扱う内容が主である。とりわけ，スーパーマーケットの販売の工夫や自治体が取り組む飲料水の確保や廃棄物の処理，消防署や警察署の

働きなどの内容では，子どもが直接目にできる地域の事象がほとんどであり，それらの内容はすべて自分の住む市町村や県の地図に示すことができる。地域学習とよばれる所以である。

　ただし，ここでもスーパーで見かける食材の中には県外や遠い外国産のものもあること，ゴミ処理や大きな火災や風水害の場合には自治体の枠を越えた処理や防災の協力体制がとられていることなどを扱うように促されており，同心円的拡大方式は崩れている。さて，こういった学習において地図や地球儀をもっと活用できないだろうか。子どもの目の前の事象には，場所（立地）という要因が関与しており，地図や地球儀を活用して考えることの大切さをもっと気付かせたい。

　さらに5年で本格的に扱うことになる日本の国土の様子や自然災害の防止，農業・水産業，工業などの学習では，国土スケールを中心に扱うことから，大まかにいえば3・4年で市・県，5年で国土，6年で歴史と外国とのつながりといった従来型の構成が踏襲されている。はたして，社会科がこのようなカリキュラム構成でよいのかどうかについては次の改訂でも検討する必要があるだろう。

🌐 各学年の内容と学習領域に占める地図＆地球儀

　次に，学年別に学習の中で扱う空間（学習領域）と学習指導要領で示された内容との関係を表に整理してみよう。表中の番号は，指導要領上の内容を示す番号である。「学習領域」の欄は，内容から推察される範囲である。「＊印」にはその際に活用できる地図・地球儀の種類を併記している。

　なお，学習指導要領の「内容」の文言については，そのまま掲載すれば大きな表になるため，その文意を損なわない範囲で要約した。

　小学校社会科を大きく捉えれば，表1の配列に見るように3年及び4年においては主に地域社会を題材に地域社会の成り立ちやしくみ，公共の仕事の役割，生活道具の発達，自県の様子などを扱い，5年で我が国の国土の地理的概要，農林水産業と暮らしの関係，工業の発達，環境を守る意義を，6年

表1 小学校社会科の学習領域と学習内容に占める地図＆地球儀

（＊印が扱う地図＆地球儀を示す）

学年	番号	学習領域	学習指導要領の「内容」の文言（要約）
3年もしくは4年	(1)	学区〜市（区，町，村） ＊学区や市町村の地図	身近な地域や市（区，町，村）について，観察，調査したり白地図にまとめたりして調べ，地域の様子は場所によって違いがあることを考える。
	ア		身近な地域や市（区，町，村）の特色ある地形，土地利用の様子，主な公共施設などの場所と働き，交通の様子，古くから残る建造物など。
	(2)	市内 ＊市町村の地図	地域の生産や販売の仕事の工夫を考える。
	ア		生産や販売の仕事が自分たちの生活を支えている。
	イ	市内及市外・県外・外国 ＊日本全図	生産や販売に見る仕事の特色と国内の他地域とのかかわり。
	(3)	市内〜市外・県内・県外 ＊県地図・日本全図	飲料水，電気，ガスの確保や廃棄物の処理について調べ，これらの事業は人々の健康な生活や良好な生活環境の維持と向上に役立っていることを考える。
	ア	市内〜外国 ＊県地図・日本全図	飲料水，電気，ガスの確保や廃棄物の処理と生活や産業とのかかわり。
	イ	市内〜外国 ＊県地図・日本全図	これらの対策や事業は計画的，協力的に進められていること。
	(4)	市内〜県内 ＊県地図	地域社会における災害や事故の防止について見学や調査をして考える。
	ア	市内〜県内 ＊県地図	関係機関は地域の人々と協力して，災害や事故の防止に努めていること。
	イ	市内〜県内 ＊県地図	関係の諸機関が相互に連携して，緊急に対処する体制をとっていること。
	(5)	近隣〜市内 ＊近隣や市地図	地域の人々の生活について見学，調査し，年表にまとめ，生活の変化や願い，生活の向上に尽くした先人の働きを考える。
	ア	家庭内 ＊間取り図	古くからの暮らしの道具を使っていた頃の生活の様子。
	イ	近隣〜市内	地域の人々が受け継いできた文化財や年中行事。
	ウ	市内〜県内 ＊県地図	地域の発展に尽くした先人の具体的事例。
	(6)	県内 ＊県地図・日本地図	県（都，道，府）の様子について資料を活用したり白地図にまとめたりして調べ，考える。
	ア	県内〜国内 ＊県地図・日本全図	県（都，道，府）内における自分たちの市（区，町，村）それぞれの地理的位置，47都道府県の名称と位置。
	イ	県内 ＊県地図	県（都，道，府）全体の地形や主な産業の概要，交通網の名称と位置。

序章　地図＆地球儀活用の意味と意義

学年	番号	学習領域	学習指導要領の「内容」の文言（要約）
	ウ	県内 ＊県地図	県（都，道，府）内の特色ある地域の人々の生活。
	エ	県内～外国 ＊世界全図	人々の生活や産業との国内の他地域や外国とのかかわり。
5年	(1)	国内 ＊日本全図・世界地図	我が国の国土の自然や環境が人々の生活や産業と密接な関連をもっていることを考える。
	ア	国内～外国 ＊世界全図	世界の主な大陸と海洋，主な国の名称と位置，我が国の位置と領土。
	イ	国内 ＊日本全図	国土の地形や気候の概要，自然条件から見て特色ある人々の生活。
	ウ	県内～国内 ＊日本全図	公害から国民の健康や生活環境を守ることの大切さ。
	エ	県内～国内 ＊日本全図	国土の保全などのための森林資源の働き及び自然災害の防止。
	(2)	国内～外国 ＊日本全図・世界全図・地球儀	我が国の農業や水産業について，地図や地球儀，資料などを調べ，食糧確保と自然環境とのかかわりを考える。
	ア	国内～外国 ＊日本全図・世界全図・地球儀	様々な食料生産が食生活を支えていること。食料には輸入しているものがある。
	イ	国内 ＊日本の土地利用図	我が国の主な食料生産物の分布や土地利用の特色など。
	ウ	国内～外国 ＊日本全図・世界全図	食糧生産に従事している人々の工夫や努力，生産地と消費地を結ぶ運輸などの働き。
	(3)	国内 ＊日本全図	我が国の工業生産について地図や地球儀，資料などを活用し，国民生活を支える重要な役割を果たしていることを考える。
	ア	市内	様々な工業製品が国民生活を支えていること。
	イ	国内 ＊日本の工業分布図	我が国の各種の工業生産や工業地帯の分布など。
	ウ	国内～外国 ＊日本全図・地球儀	工業生産に従事している人々の工夫や努力，工業生産を支える貿易や運輸などの働き。
	(4)	国内～外国 ＊日本全図	我が国の情報産業や情報化した社会の様子について，情報の有効な活用が大切であることを考える。
	ア	国内～外国 ＊日本全図	放送，新聞などの産業と国民生活とのかかわり。
	イ	家庭内～国内 ＊日本全図	情報化した社会の様子と国民生活のかかわり。

5

学年	番号	学習領域	学習指導要領の「内容」の文言(要約)
6年	(1)	市内 ＊市地図・県地図	我が国の歴史上の主な事象について、文化遺産や遺跡、資料などを活用し、歴史を学ぶ意味を考え理解と関心を深める。
	ア	市内〜国内 ＊古代の日本地図	狩猟や採集、農耕の生活、古墳について調べ、大和朝廷による国土の統一の様子が分かること。神話、伝承を調べ関心をもつ。
	イ	国内 ＊古代の日本地図	大陸文化の摂取、大化の改新、大仏造営の様子、貴族の生活を調べ、天皇中心の政治の確立を理解する。
	ウ	国内 ＊中世の日本地図・アジアの地図	源平の戦い、鎌倉幕府の始まり、元との戦いについて調べ、武士による政治の始まりが分かる。
	エ	国内 ＊京都の地図	京都の室町に幕府が置かれた頃の建造物や絵画について調べ、室町文化が生まれたことが分かる。
	オ	国内 ＊近世の日本地図	キリスト教の伝来、織田、豊臣の天下統一、江戸幕府の始まり、参勤交代、鎖国について調べ、戦国の世の統一、身分制度の確立で武士による政治が安定したことが分かる。
	カ	国内 ＊江戸の地図	歌舞伎や浮世絵、国学や蘭学を調べ、町人の文化が栄え新しい学問が起こったことが分かること。
	キ	国内 ＊日本全図・地球儀	黒船の来航、明治維新、文明開化などを調べ、廃藩置県や四民平等などの諸革命を行い、欧米文化を取り入れて近代化を進めたことが分かる。
	ク	国内〜外国 ＊日本全図・地球儀	大日本帝国憲法の発布、日清・日露の戦争、条約改正、科学の発展などを調べ、国力が充実し国際的地位が向上したことが分かる。
	ケ	国内〜外国 ＊日本全図・世界全図	日華事変、第二次世界大戦、日本国憲法の制定、オリンピックの開催など、戦後民主的国家として出発し国際社会の中で重要な役割を果たしてきたことが分かる。
	(2)	国内	我が国の政治の働きについて、国民主権と関連付けて政治は国民生活の安定と向上を図るために大切な働きをしていること、民主政治は日本国憲法の基本に基づいていることを考える。
	ア	市内〜国内	国民生活には地方公共団体や国の政治の働きが反映していること。
	イ	国内	日本国憲法は、国家の理想、天皇の地位、国民としての権利や義務など国家や国民生活の基本を定めていること。
	(3)	国内〜外国	世界の中の日本の役割について、外国の人々と共に生きていくためには異文化や習慣を理解しあうことが大切で、世界平和の大切さと我が国の世界における重要な役割を果たしていることを考える。
	ア	外国 ＊世界全図	我が国と経済や文化などの面でつながりが深い国の人々の生活の様子。
	イ	外国 ＊世界全図・地球儀	我が国の国際交流や国際協力の様子や平和な国際社会の実現に努力している国際連合の働き。

で日本の歴史のあゆみ，身近な政治の役割，日本と外国のつながりなどを学習するように配置されている。この中で最も特異な構成は，6年である。「日本の歴史」について時代を追って学ぶため，内容の括りが大きくなり，その結果，時代ごとにア〜ケの細目が並んでいる。表中に＊印で示したが，これらの歴史学習の多くに地図や地球儀が活用できる。地図を全く使わずに授業を進める単元は，6年3学期に実施される「政治の働き」ぐらいであろう。歴史事象は，地図や場合によっては地球儀で確かめるとリアルに類推できる。

第❷節 都道府県名・大陸・国名はなぜ覚えなくてはならないか

「ぼくは，あの地図の勉強をする前は，外国といっても，だいたい5つくらいしか地名が頭に浮かばなくて，調べるのにとても時間がかかりました。でも，あの勉強をやった後は，テレビで外国の地名が出ても，だいたいの位置は，ぱっと思いついて，興味がわいてきます。(小学5年，男子)」

これは，かつて筆者が行った外国地名記憶の大規模な調査（公立小学校1〜6年生，計1267名対象）の後で，地名記憶の印象を尋ねた際に寄せられた作文である。"地図の勉強"というのは，世界の白地図に地名を記入する括弧がついていて，自由に書き込ませるアンケート調査である（くわしくは拙著『社会科の基礎・基本　地図の学力』明治図書を参照）。子どもにとっては調査でなく，「勉強」と受け取られたのであろう。しかし，調査中，子どもの様子を見ていると実に前向きにアンケートに答えてくれた。白地図に地名を記入するのが楽しいと感じる表情であった。このように地名の学習は，単に地名そのものの記憶を強いるものであっては苦痛でしかなく，白地図の中で名称と位置をワンセットで記憶させていくことで，興味づけすることにかなり成功する。

しかし，地名の学習に対しては「必要に応じて地図を見ればいい。地名は，覚えなくていい。」「必ずしも47都道府県名のすべてを習得しなくても実生

活で不便にならない。」と異議を唱える方がいらっしゃるかもしれない。そういった素朴な疑問に対して，次の2点からお答えしたい。

🌐 地名はアンカー・ポイント

　空間認識に興味を抱き研究し，アメリカ地理学会長も務めたR.ゴリッジ教授は，人間が知らない街を覚えるプロセスを次のように考えた。まず，第一段階として自分にとって必要な少数の地点（自宅や近くの商店，職場）とその地点同士をつなぐ道路という生活に必要不可欠な知識を身に付ける。そして次第にそれぞれの地点や道路のまわりに関する知識（レクリエーションや買い物の場所など）を身に付けて枝葉を増やし，最後は身に付けた地域からさらに他の地域（隣町や外国の街）に関する知識を拡大させ，地域の情報を広く獲得する。これを，アンカー・ポイント理論と呼び，学界では広く認められている考えである（図1）。アンカーとは船が停泊する際に海に下ろす碇であり，碇を下ろした地点（ポイント）を人間は覚え，そこからしだいに空間を認識していくという（詳細は寺本潔・大西宏治共著『子どもの初航海―遊び空間と探検行動の地理学』，古今書院発行を参照）。

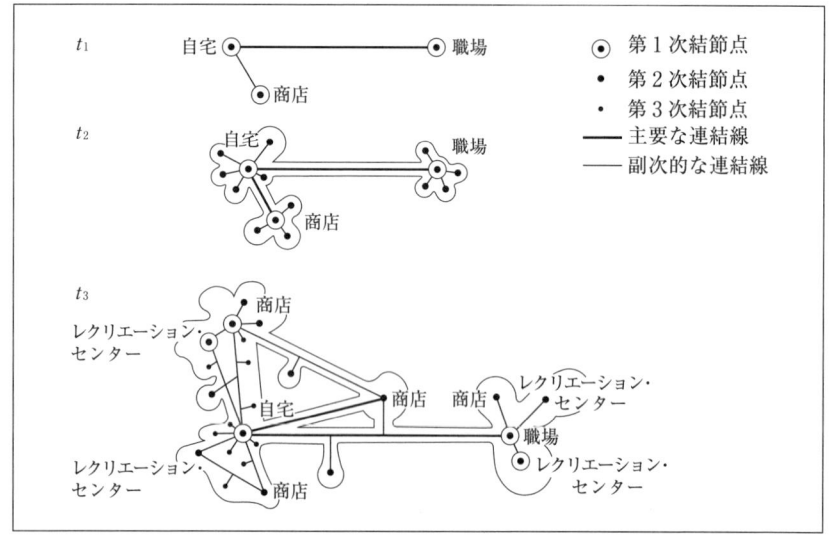

図1　アンカーポイント理論の記述モデル　Golledge (1978)を一部改変

子どもが習得すべき基本的な地名も，日常行動や学習という生活の場面で必要なアンカー・ポイントである。名称だけでなく地図や地球儀を活用しながら，位置も合わせて覚えることを求めている学習指導要領の内容は，単に地名は地図を調べれば分かるから，覚える必要はないと主張される方に対し，もっと重要な意味を含むことを示唆している。その重要な意味とは，社会科の学習とは「学びのアンカー・ポイント」を次々と増やしていくようなものであることを示しているからである。

　つまり，47都道府県名や世界の主な大陸・海洋名，国名などの名称と位置に関する記憶は，その後の子どもの生活や学習の広がり，知識のつながり（思考力）に必要不可欠な結節点と考えられている。このことから，発達段階における学習の適時性を考えて都道府県名は第3学年及び第4学年の内容（6）に，世界の大陸や国名は第5学年の内容（1）に示されている。およそ10歳～11歳にかけて，都道府県～国土・大陸・世界へと子どもの地理的視野を拡げる必要性が認められたのである。

　例えば，4年で自分の住む県の地理的位置を学んだ直後に，県の仲間にはほかに何があるか，県とは呼び名が異なる都道府の名称と位置を日本全図であらかじめ学んでおけば，5年で日本の食料生産や工業生産に関係する地名が登場してきても，既習の都道府県名が産業学習を進める上でのアンカー・ポイントとして機能する。さらに5年の冒頭で世界の主な大陸や海洋名，主な国名を学んでおけば，その後に学習する日本の水産業で世界の海洋名が登場しても太平洋やインド洋という地名がアンカー・ポイントとして機能する。工業生産を支える貿易では，資源・エネルギーの源である外国の国名が，アンカー・ポイントとして機能し始めるという作用を期待できる。このように，基本的な地名は，社会科学習で育む思考力のアンカー・ポイントでもある（なお，類似の指摘は，吉田剛氏の論文によってもなされている。詳細は，論文「高校生の大陸・国家に対するイメージの空間性と空間認識について」『社会科教育研究』第90号所収を参照されたい。）

🌐 地名は公民的資質の基礎固め

　学習指導要領における，小学校社会科の教科目標を改めて提示しよう。「社会生活についての理解を図り，我が国の国土と歴史に対する理解と愛情を育て，国際社会に生きる平和で民主的な国家・社会の形成者として必要な公民的資質の基礎を養う。」とある。

　では，この文面の冒頭にある「社会生活」の意味は何だろうか。『小学校学習指導要領解説－社会編』によると，「『社会生活』とは，社会とのかかわりの中での人々の生活のことであり，地域の地理的環境や人々の生活及び組織的な諸活動の様子などとともに，我が国の産業や国民生活との関連，国土の自然環境，人々の生活及び我が国の歴史的背景などを含んでいる。」）と記されている（p.11）。

　さらに，「公民的資質」については「国際社会に生きる民主的，平和的な国家・社会の形成者，すなわち市民・国民として行動する上で必要とされる資質を意味している。」と定義されている（同p.12）。このことからも地名はまさに，小学校社会科の目標達成に不可欠であり，基礎固めに必要な知識であることは明白である。もし地名を覚えていなければ，地域の地理的環境や産業，国土の自然環境の特色を，具体的に場所に応じて理解できないし，国際理解の上でも基本的な外国のイメージさえも形成できない。地名はそれらを学ぶ大切な言語であり，地名そのものには地理的環境や歴史的背景が含まれている。

　さらに付け加えるとすれば，社会科だけで地名が必要なのではない。国語科でも理科や音楽科でも地名は必要になってくる。例えば，国語科で登場する新美南吉の「ごんぎつね」や宮沢賢治の読解で作品を生み出した舞台（文学を生みだした風土）を深く理解するために，愛知県の半田市や岩手県の盛岡市周辺を地図で参照したり，理科で植物の原産地を調べたり，音楽科で作曲家の生誕地を調べたりする際にも地名は登場する。

　さらには，指導要領の改訂で必修となった外国語学習にも外国の地名はい

くつか登場するだろう。国際理解の学習においても，地名が示す場所が分からなくては交流できない。外国の方から「わたしたちの国，オーストラリアではカンガルーという珍しい動物が棲んでいます。」と紹介されて，「オーストラリアってどこかな？」では，交流を深めることは容易ではない。

🌐 脳トレーニング（脳トレ）に最高！

今節，冒頭で紹介した子どもの文には，「ぱっと思いついて，興味がわいてきます。」とある。この「ぱっと」が大切である。子どもは，地図帳をいちいち開く手間をかけるであろうか。例えば，テレビの脇に地図帳を置いておくことは，有効な家庭学習の手段ではあるが，学習はテレビの前だけで起こるものではない。日常的な営みであり，その中で，地名を覚えていく。ある出来事と場所とを照合する学習法は，脳トレーニングにつながる。会社や学校の面接試験を受ける際に，「駅から面接会場までの道のりを説明して下さい。」という課題が出題されることがある。これは脳トレにつながる場面でもあり，脳の老化防止にとっても地名と地図は有効な刺激剤である。地図や地球儀は右脳を刺激する図像である。左脳に偏った現代人の思考スキルを磨く上でも地名と地図活用は必須のアイテムなのである。

🌐 47都道府県名記憶の意味

4年の単元「わたしたちの県」に登場する47都道府県の扱いは，今般の学習指導要領の目玉の一つである。これまでの指導要領では第6学年終了時までに都道府県の構成が分かればよしとする指示しかなかった。そのため学校・学級によっては扱いに差が生じることがあった。その結果，文部科学省の教育課程実施状況調査などで小・中学生に大きな都道府県知識の欠落（国土を構成する島，都道府県の名称と位置などに関する理解や知識の定着が不十分）が明らかとなった。さらに，中学生においては「球面における地球的規模での位置関係をとらえる技能や知識，あるいは世界的視野から見た日本の自然環境の地域的特色などに関する知識が十分に身に付いていない状況が見られる。」との指摘もなされている。

「必要に応じて地図帳を開けばよい」「子どもが課題意識を持ったときに，各自の調べ学習の中で都道府県名は記憶される」と楽観的にとらえていては，国土像や世界像は，穴だらけになるおそれがある。特に，都道府県名はその位置認識と相俟って国土像の土台を育成し，日本人として社会生活を送っていく上で様々な社会認識が付加されていくアンカー・ポイントとして機能する。

ところで47都道府県の知識は4年の県の単元だけで扱えば定着するだろうか。答えは否である。5年や6年の単元ごとに繰り返し反復学習（単純な反復暗記を奨励する意味でない）を行わなければ，たちまち記憶の欠落を招いてしまう。

表2　47都道府県の反復学習ができる主な単元

学年	単元名	学習内容	扱われる地図＆地球儀
3年	くらしを支えるいろいろな仕事（スーパーマーケット，田畑や工場の仕事）	・県外や外国の産地からスーパーに運ばれてくる農産物（産地名） ・原材料が工場に運ばれ出荷される様子（原産地・原産国名）	・日本全図（県境がない教科書中や副読本の中の地図） ・日本近隣諸国〜外国の地図
4年	わたしたちの県のようすと県内の特色あるまちづくり	・自県の位置と47都道府県の構成 ・自県の農産物の出荷先 ・世界とつながる県内のまち	・日本全図と都道府県図 ・県地図 ・アジアやアメリカなどにある姉妹都市を示す地図
5年	わたしたちの国土のようす	・世界の中の日本の位置 ・気候の違いとくらしの様子（沖縄県と北海道）	・世界全図と地球儀 ・日本の地形略図 ・日本の気候区分図
	日本の産業（食料生産と工業生産）	・米の生産量の階級区分図 ・国内の主な漁港と漁場 ・日本の工業の盛んな地域 ・自動車の輸出先の国	・日本全図 ・日本の近海の地図 ・太平洋ベルトの地図 ・世界全図
6年	大昔のくらし 貴族や武士の世の中 近代国家の歩み 戦後の日本	・渡来人の来た道 ・源氏と平氏の戦い ・江戸幕府の政治，鎖国下の日本 ・近現代の日本の成り立ち	・邪馬台国のある場所 ・源平の戦いの場所地図 ・幕藩体制の日本地図 ・オリンピックの国内開催地
	日本とつながる外国	・つながりの深い国々の文化	・韓国や中国，アメリカなどへの航空路線図と地球儀

表2は，学習指導要領社会科3～6年で，都道府県学習に関連する単元を筆者が整理したものである。すでに3年でもいくつかの都道府県名が扱えることに注目したい。指導の基本としては，都道府県名だけを取り出して扱わないで，必ず地図帳や日本全図で，その位置を指さし確認する手間を惜しまないことである。名称と位置の認識を，地図を介して同時に定着させていくようにしたい。

🌐 対話で育まれる思考力

今，教育現場では，全教科・領域にわたって「言語活動の充実」が求められている。社会科の授業は，「事実認識から意味認識へ」というのが大きな流れとしてある。授業づくりの基本としても「つかむ」「調べる」「考える（深める）」の三つ程度の作業場面を用意して，具体的な事実認識から抽象的な意味認識へと向かっていく。「読解」と「対話」を交互に促し，異質な他者との協同学習も重視されている。筆者が考える社会科における言語活動を図示

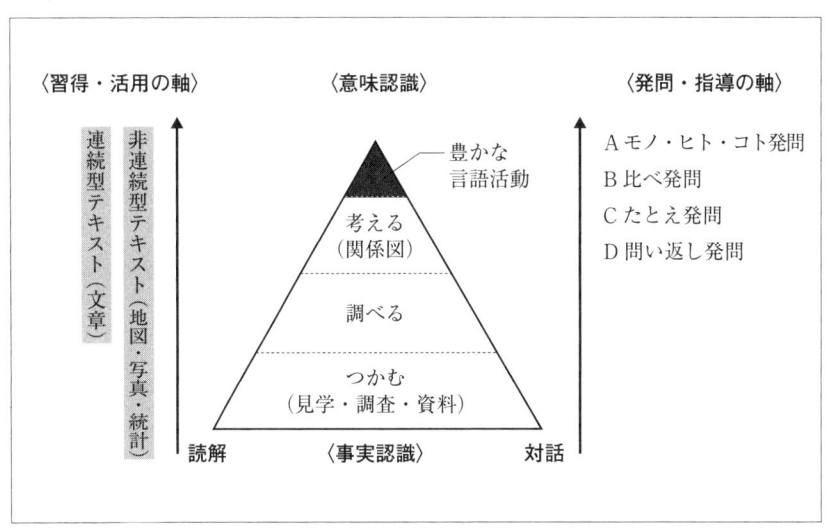

図2　社会科教育における言語活動

Aモノ・ヒト・コト発問とは，事実に関する基本的な情報を問う発問。
B比べ発問とは，二つの事物・事象を対比させる発問。
Cたとえ発問とは，類似の事柄に例え，もしも同じ立場だったらと問う発問。
D問い返し発問とは，社会的ジレンマに気づかせる発問。

すれば，図2の通りである。この中で特に大切なのが，「考える」段階である。社会認識を関係図という図解でまとめる姿勢こそ，重視される必要がある。最終的な到達として，子どもと教師が関係図を授業で作り上げるという学習ステージを設けるわけである。関係図（図解）とは，○・△・矢印などでつくっていく思考スキルのことで，国会・内閣・裁判所の関係を三角形で図示すると三権分立が理解されやすいといった指導技術が代表的な例である。

　しかし関係図を通してしっかりと認識させたとしても，直ちに「豊かな言語活動」に帰着させることは容易ではない。社会科は他の教科と異なり，小学校高学年になると急に社会科用語（兼業農家や自給率など）が増える教科だからである。聞き慣れない社会科用語にとまどわないように机の上に国語辞書を常備させて指導することも大切である。社会科における言語活動のポイントは，三つある。第一は，社会科用語を駆使して表現できるかどうか，第二は因果関係をつかんで思考・判断・表現できるか，第三は社会の出来事を自分事として引き寄せて表現できるかである。この三番目の「引き寄せる」というニュアンスが社会科の特徴であり，最終的には民主的な社会の一員としての資質づくりにつながっていく。

　ところで，近年小学校では，気付きを互いにつき合わせる「学び合いの授業」が注目されている。そこでは，「分かることを覚え蓄えること」よりも「分からないことを問える姿勢」が学び合いの授業の真髄として唱えられ，知識の枠組みや再生産は異質な他者との対話によってしか為し得ないという知識基盤社会で求められる学力観が，背後にある。一見，「学び合いの授業」では，地図や地球儀は，完成された教材（印刷された図や地名，数字，色彩など）であり，それを理解し，覚えるものとして映るが，地図を受け身でとらえるのでなく，問いを持たせるように教師が扱えば，当然，学び合いにも有効な教材・教具になる。

　例えば，4年で「班の4人は旅行会社の社員です。今度，県の地図を使って2泊3日のおススメ観光ルートを企画することになりました。綺麗な風景

やグルメ，スポーツ，短歌づくり，温泉や文化財観光，工場見学などからテーマを選んで観光ルートを考えて下さい。」と持ちかけたり，5年で，「熱帯生まれの米が，暖かい西日本でたくさん収穫されないで，どうして寒い新潟県や山形県，北海道などの平野で多く収穫されているのか」と問う場面で，「地図帳を手がかりにして，その理由をペアになって考え，予想しなさい」と指示したりすればいろいろな理由を考えるようになる。単に，「寒さに強い品種を改良したから」と知識で知っているだけの解答では十分でないことに気付く。暖かい西日本での米の収穫量を，寒い東北・北海道が凌駕する理由がないからである。「東北・北海道地方には，西日本より，大きな川と広い平野が多いから水田も広く収穫量も多くなる」「西日本に比べ，雪解け水がたくさんあってお米が育つ夏でも水に困らないから」「東北・北海道の人は米作りにより熱心だから」「西日本の農業では，お米よりもほかにもうかる作物を選んだのではないか」などと，子どもなりに思考した予想が飛び出してくる。これらは常に地図をもとにして対話を促し，思考を深めた結果出てくる意見ばかりである。

　地球儀を活用する場面でも，「経度や緯度の中心（原点）はどこだろうか」「そこに立つと方位が一つしかない場所は，地球上でどこにあるのか」（答えは北極点，南極点）「日本標準時子午線がちょうど，東経140度や130度でなく135度になっているわけは？」などといった問いに対して，謎解きに近い思考が子どもたちの対話を盛んにするだろう。

　6年で歴史を学ぶ場合でも，日本全図の掛地図を前にして「京都からこんなに離れた鎌倉に，どうして頼朝は幕府を開いたのだろうか」「明治維新が，江戸からこんなに離れた長州や薩摩の力によって始められたわけは？」「太平洋戦争の末期にどうして本土から離れた沖縄で戦いが行われたのだろうか？」などの問いが，対話を促すきっかけになる。地図があれば思考力が発揮され，社会科の学び合いは必ず深まる。

1章 地図＆地球儀活用の留意点

　序章に続き，子どもの頭の中で形成される空間認識とそれを伝える方法について考えてみたい。地図や地球儀ならではの言語表現とはどういった表現なのだろうか。「地図や地球儀を見て考えたことを言葉で表す」「自分の考えを地図や地球儀を使って説明する」「自分で描図した地図や地球儀で説明する」といったように地図（＆地球儀）＋言葉といった組み合わせ（ここでは仮に「ちずことば」とよぶことにしたい）で思考し判断・表現する力が，地図が育む思考力といえる。

第1節　地図＋言葉（ちずことば）で思考を促す指導

🌐 点・線・面・地名の4要素

　基本的に地図や地球儀は，点記号と線記号，面記号さらに地名という文字の4要素で成り立っている（図3）。したがって，各記号を読み取り，言語化することで「ちずことば」は豊かになるはずである。こうした道筋を，例えば「点を示す言葉」と言い換えて捉えてみると，「地図で見ると私たちの学校は区の北の方にあります。」「地球儀で私たちの住む大阪市と同じくらいの緯度のアメリカの都市は，ロサンゼルス市です。」という表現になる。一般に，「○○にある」という位置を示す言葉は，空間認識の基本的な伝達内容である。このほかにも線記号や面記号を読み取り，言葉化する道筋を表にしてまとめてみた（表3）。さらに，点・線・面の3種に加えて地図には文字が印字されている。その大半は，地名である。地名（名称）は，点・線・面のどの記号にも添付されていて，「ちずことば」に土地を特定させて表現するという

1章 地図&地球儀活用の留意点

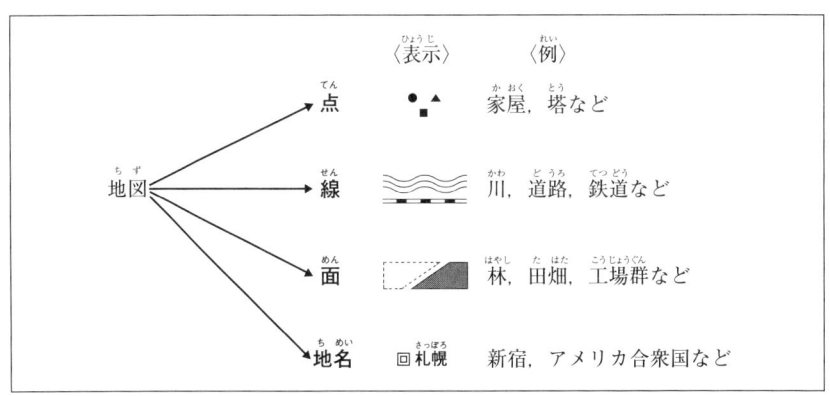

図3　地図・地球儀の4要素

重要な役割を果たしている。

　例えば，線状の記号の代表例である鉄道路線に「東海道本線」という名称が付けられていることからわかるように，地名は記号に意味を付与する働きを持つ。空間認識の伝達方法を教師として工夫する上でも，もっと地図に載っている各記号+地名（名称）といった組み合わせを意識させたい。

　単に，鉄道路線の地図記号を指し，「東海道本線が通っています」と表現させるのでなく，教師が「東西に伸びているこの鉄道は，同じ名前の旧街道の傍を通っているから東海道本線といいます」と解説し，子どもに線記号+地名（が持つ意味）を意識させてほしい。

　指導者として注意したい点として，小学生は極端に言葉を省略する傾向がある点をあげておきたい。例えば，「（線路が）ここに通っています」「（自動車工場の絵記号が）あった！」と主語や目的語を省いて発言しようとする場合には，点・線・面・地名を意識させて「ちずことば」を使うよう促したい。

　さらに点・線・面・地名の要素に絡んで描図・作図も忘れてはならない。描図や作図（統計地図）は，図そのものに形や量が表れるため，意味が伝達できる。例えば，市や県の形をなぞらせると，動物やモノの形がイメージでき，「静岡県の形って金魚みたい」や「山形県って人間の横顔だ！」とつぶや

17

いたり，米の県別生産量が統計地図で表現されたりすれば，「寒いけれど北海道は新潟県に次いで米がたくさんとれるね」と，より深い社会的意味を伝達することができる。

🌐 空間認識の伝達方法をいかに習得させたらいいか

では，どうすれば子どもの「ちずことば」を豊かなものにできるのだろうか。教師にできる指導の工夫は，子どもから「ちずことば」が自然と発せられるように促すことである。子どもが地図を見ている際に「市内に水を送る○○給水所ってどこにあるのかな？」（点），「○○川ってどこからどこへと流れていますか？」（線），「田んぼや畑，住宅や工場の集まりは市のどのあたりに広がっていますか？」（面），「知っている地名を使って説明しましょう」（地名）と，点・線・面・地名を自覚しやすいように発問することである。

表3 　3～4年生段階における地図と言葉の組み合わせ（ちずことば）の種類と伝達方法（東京都世田谷区にある小学校を仮定して）

ちずことばの種類	期待される言語表現の例	活用される地名・名称
点を示す言葉 （ある・集まる等）	・私たちの学校は，世田谷区の北の方にある。 ・学校の近く（遠く）には店が集まって（林が散らばって）います。 ・世田谷区は東京都に含まれています。	・市区町村名 ・山頂，岬，駅名等 ・地図記号で示された地点
線を示す言葉 （伸びる，境になっている等）	・多摩川が世田谷区の西から南東の方向へとまっすぐに流れています。 ・いろんな鉄道が新宿や渋谷や結ばれて走っています。 ・神奈川県との**境界線**は多摩川と重なっています。	・山脈や河川名 ・海岸や列島名 ・鉄道や高速道路名 ・台風の進路
面を示す言葉 （広い・ぜんたい等）	・黄色で塗られた市街地が東京都のぜんたいの半分以上を占めています。 ・海の近くには埋立地が広がっています。 ・東京がある**関東平野は日本一広い平野**です。	・平野や台地，湾，湖沼名 ・田畑や工場地，市街地 ・県や地方名
描画・作図（かたち・生産量等）	・東京都の形を見ると泳いでいる**イカのかたちにも見えます。** ・土地の利用のされ方を生産量でみると果樹園が多いです。	・動物や物の形を示す名前 ・土地利用を示す名前

さらに、授業づくりの観点から言えば、豊かな「ちずことば」を引き出すために、対話や学び合いの機会を意図的に生み出す工夫も欠かせない。成功すれば、教師にとっても授業の実践知として「ちずことば」は身体化され、身体を通して授業のリズムを察知するようになる。しだいに点や線、面、地名も暗黙知として機能するようになる。教室内の「ちずことば」のやりとりを通して、子ども同士や子どもと教師の対話を通して社会認識の深まりに向けた「省察を原理とする社会科授業」が成立するようになるだろう。

　一例をあげよう。3・4年（上）の、自分たちの買い物調べをする単元で、新しくできたショッピングセンターを扱う場合、「どうしてショッピングセンターは、市の中心部から離れた場所につくられたのだろうか？」を学習問題にして話し合いを深めると、車交通の便や広い敷地の確保から点・線・面、地名を意識した発言が引き出されてくる。

　Tは教師、Cは子どもの発言例である。

「T：広いショッピングセンターの敷地には、昔は何があったのだろうね。」
（20年前の市街地地図の提示）

→「C：ショッピングセンターが建っている場所は〇〇紡績工場と書いてある！」「C：だから広い敷地が確保できたのか…」（点）

→「T：広い場所なら市内には、ほかにもあったんじゃないかな？」

→「C：だとすると、ほかにも何か良い条件があったから建ったのかな？」

→「C：たぶん、ショッピングセンターに来るお客さんは、車を使って来るから、高速道路や幹線道路が近くを通っている便利な場所を選んだからじゃない？」（線）

→「C：市の中心部には、デパートや商店街があるから競争を避けて離れた場所に作ったんじゃないかな？」（購買圏という面）

といったやりとりができれば、思考力も高まるだろう。

　別の単元を例に考えてみよう。3年の単元「わたしたちの市のようす」で市内の文化財を示した地図を提示し、「どうして古い建物が市の中心部にしか

残っていないのだろう？」という学習問題を作り，その理由についていくつか予想を書き出すように指示する。その後で，およそ100年前の市の地図を配布し，二枚の地図を比べてわかったことを説明させる授業は，「ちずことば」を培う言語活動として成立するだろう。「そうか！100年前は市の中心部にしか建物がなかったんだ」「市に残っている古い建物は市が中心部から外側へと発展してきた証拠なのか」などという気付きにつながるからである。「ちずことば」による地図指導は，指導にあたる教師の思考力の如何にかかっている。

🌐 「ちずことば」は地図帳でも育まれる

4年から配布される地図帳は，社会科学習がもたらす多面的な社会の見方や考え方（社会的思考）を養う上で欠かすことのできない教科書である。

今般の学習指導要領における地図帳には，基本となる地図の使い方がくわしく解説されている。「土地のようす」を地図帳でどのように示しているか。これと関連づけて点・線・面と地名という4種の「ちずことば」を駆使すれば，深い地図帳の読み取りが可能となる。地図帳に掲載されている「〇〇地方」や「〇〇県とそのまわり」「アジア・オセアニア」の類の地図には山地が茶色で平野が緑，市街地が黄色，海や湖が青色という具合に色分けされ，しかも地名やいろいろな地図記号が印刷されている。その際，子どもの目に一番先に飛び込んでくるのは，地図の色であり，目立つ文字であろう。

特に山地を示す茶色と平野を示す緑色，市街地の黄色，県名や首都名を示す赤文字（記号）は目立つ。先に地図は点・線・面・地名の4要素に注意して教えようと述べたが，子どもが注視する順は，まずは土地利用の色や大きな印字による地名からなので，色がついた面や目立つ活字（地名）や記号から入り，その次に線（川や鉄道，道路）に着目させて，しだいに点（各種の地図記号）や小さい活字の地名に着目させるようにする。教師の働きかけとして，子どもの地図表記に対する理解の仕方に注意しつつ，「ちずことば」という空間認識の伝達方法を獲得させたい。

1章　地図＆地球儀活用の留意点

第❷節　地球儀指導の3メソッド

　前節で「ちずことば」は地図帳でも育まれると述べたが，地球儀においても「ちずことば」は磨かれる。最も重要な留意点は，地図と地球儀を併用しながら，「ちずことば」を伸ばす指導である。ここでは，地球儀が球であることの特性を生かし次の3つのメソッドを念頭に解説してみたい。

メソッド1　さわる

　地球儀は球なので，教具として扱いにくいものではある。黒板に貼り付けることもできず，掛地図に比べ大きくないため，表面の印字や色彩を手元でないと読み取りにくい。さらに，回転させなければ世界を一覧できない点も一斉指導には不都合な点である。だからといって小学校高学年になっても地球儀を扱わないでいると立体的な世界像が養われない。「現代人はグローバルな見方の獲得が必要！」とテレビや新聞で見聞きするが，地球儀の英語表記はグローブ（globe）であることを思い起してほしい。

　では，学習指導上，どのように扱えば効果が上がるのだろうか。最低4人に1台程度の地球儀を準備したい。多くの学校では，小学校第5学年国土単元の冒頭で，日本の位置を示す際に地球儀を扱うと思われるが，そこにおける指導のコツを提案したい。

　メソッド1は，「さわる」である。地球儀は球だから，丸みを帯びている。だから児童は両手でさわりたい。ただ，「さわってごらん」だけでは指導にならないので「利き手で陸地を，もう片方の手で海洋をさわってごらん」と指示するとよい。自分の手のひらの大きさと大陸や海洋の広さを比べることを示唆し，「中国やロシア，ヨーロッパがある陸地が一番広い！」「太平洋は赤道より南にも広がっていて世界一の海洋です。」などと言語表現できるように引き出し，それらの面積を感覚的につかませたい。次に，指を使わせて

21

「大陸の形（輪郭）を丁寧になぞってごらん」と指示することで，特徴的な半島や湾の形に着目させることができる。特に，北アメリカ大陸とユーラシア大陸が地球儀のてっぺんの方で向かい合い，間に北極海が広がっていること，パナマ地峡やスエズ地峡で二つの大陸が分かれていること，氷に覆われた南極大陸が，いわば地球儀のお尻にあたること，日本がユーラシア大陸の東端に位置して，大陸とは大きく異なる弧状の列島であること，などを指でなぞらせながら言語表現させることがポイントである。

さらに，「縦に引かれている線に着目しましょう。本初子午線と呼ばれる経度が0°の線を指でたどり，赤道（緯度0°）と交わる点で指を止めてごらん」と指示する。アフリカ大陸の突き出た部分のすぐ下にこの交点はある。この交点こそ，いわば経緯線の原点に当たる（図4参照）。「この点から北に目盛が付けられています。これが北緯です。反対に南に付けられているのが南緯です。」同様に，「この点から東に目盛が付いているのが東経，西に付いているのが西経」と伝えて，線をなぞらせたい。このように球面をさわることで地球儀が一層身近な存在に変わっていく。この後に，地図帳の末尾に掲載されている世界全図や掛地図も併用して経緯線に付けられている経度や緯度の目盛を解説すれば格段に分かりやすくなる。

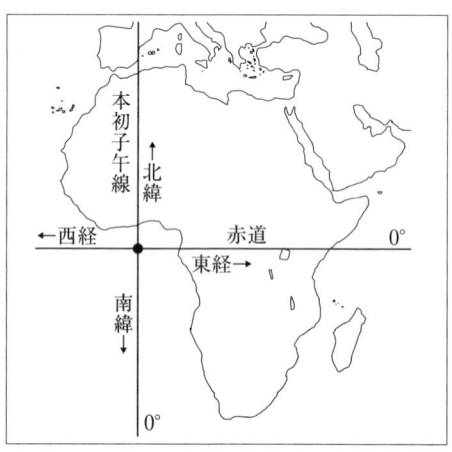

図4　アフリカのガーナの沖合いに経緯線の原点がある

1章 地図＆地球儀活用の留意点

メソッド2　はかる

　メソッドの2は，「はかる」である。世界地図ではそれほど大きく見えないが，地球儀ではアフリカ大陸が正当にその大きさを示している。そこで「世界で二番目に大きな大陸はアフリカ大陸ですね。トレース紙を地球儀に当てて形を写しなさい。ほかの紙でヨーロッパやアメリカ，中国を写し取り，アフリカ大陸の中に組み合わせてください。」と指示する。以前アトランタ市で開催された全米社会科協議会（NCSS）で見た研究発表の中で，アフリカ大陸の大きさに気付かせるために，ヨーロッパとアメリカ合衆国，及び中国の略図をアフリカ大陸の輪郭の中にはめ込んだ図を提示した社会科実践があった（写真1）。ヨーロッパとアメリカ合衆国，中国の3つがちょうどアフリカ大陸の面積に近い事実を知り，驚くに違いない。大陸の大きさを他の国などの大きさと比べて「はかる」この方法は，子どもに実感を持たせて理解させる手立てとなる。地球儀でメルカトル図法やミラー図法で作図された世界地図だけを眺めてばかりいるとアフリカ大陸の大きさを過小に捉えてしまいがちになる。地図と地球儀との併用学習は，こういった誤認の是正につながるメリットもある。

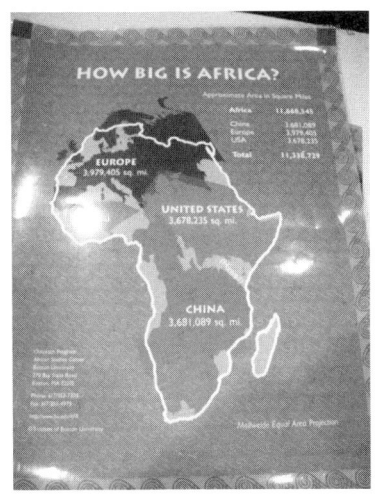

写真1　NCSS大会で発表された指導法

　また，距離の測定も楽しい学習になる。「2012年のオリンピックはどの国のどの都市で開催されますか？」「イギリスのロンドンでしたね。日本からの距離を地球儀で測りましょう。」「赤道上にひもを一周させると40,000kmだから，20等分してそのひもに目盛を付けましょう。ひとつの目盛が2,000kmになります。ひもを物差しに使い，およその距離と日本からの方位を導き出しましょう。」と指示する。さらに，時差学習も「はかる」学習にな

23

る。地球儀に引かれ経線から一周は360°だから、24時間で割って1時間分の自転による経度の変化15°を導き出し、日本との時差を意識づける。地図帳の巻末ページには世界地図の上部に時計が印刷された箇所があり、日本が昼12時の時、世界の3都市の時刻が表示されている。中学社会科とは違うので時差の

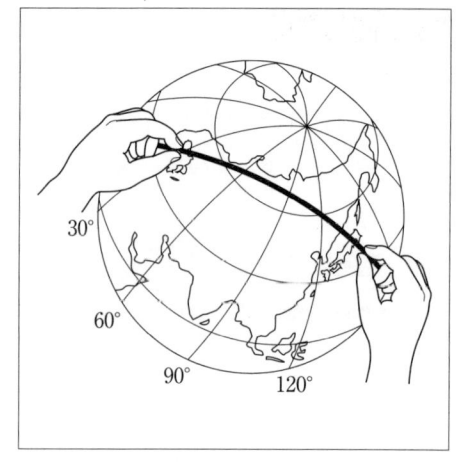

正確な計算はできなくて良い。日本が昼の時、その反対側の国では夜であること、日本との経度の差から、どれくらいの時間の差がその国との間にあるのかが分かる程度でいい。

メソッド3　ながめる

　メソッド3は、「ながめる」である。地球儀は「ながめる」だけでも効果がある。貿易会社の社長室や英会話学校の入り口にさりげなく地球儀が置いてあるのは、独特な地球儀効果がある証拠ではないだろうか。できれば教室に地球儀を常備しておきたい。5年「国土の様子」の単元で、我が国の位置を世界の中で位置付ける学習が求められている。世界の掛地図でその場面を扱うが、地球儀も併用して児童に日本の位置を説明させたい。その場合、子どもにある視点を与えて眺めさせるとよい。その視点とは宇宙飛行士からの視点である。「地球を回る人工衛星には日本人をはじめ、いろいろな国の乗組員が乗っています。あなたが、その中の日本人だとしたら、ほかの乗組員に対し、窓から見える地球を眺めながらどんな説明の言葉で自分の国の位置を紹介しますか？」と切り出すのである。

　子どもたちからは、「ユーラシア大陸の東に4つの島で見えるのが、日本

1章　地図＆地球儀活用の留意点

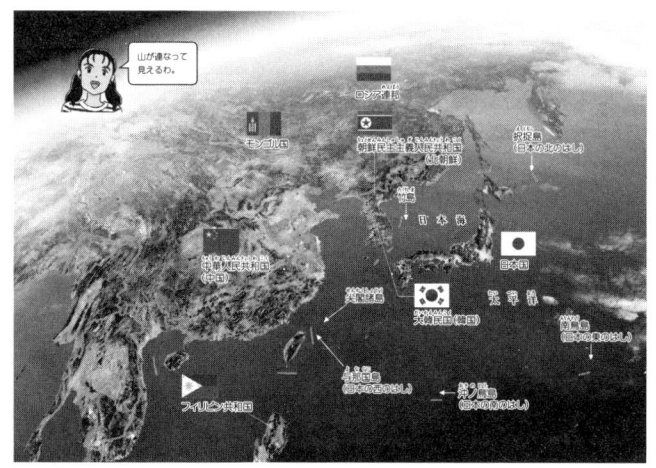

◎宇宙からながめた日本とその周辺
（小学校社会科教科書5上P12〜13　教育出版刊）

です。」とか「赤道から少し北にあって太平洋の西の端にある南北に長い国が日本です。」「四つの大きな島が見えますか？北海道，本州，四国，九州という島です。」「中国の東にあって緑に覆われている国が日本です。」などと，さまざまな言い方で表現できるので言語活動としても充実する。

　次におすすめしたい学習は，想像力を刺激する環境場面である。「陸より広い海は地球儀で眺めるとすべて繋がっていることがよくわかります。地球温暖化で南極や北極の氷が溶け出し，海水面が上昇した場合，太平洋の小さな島々はどうなるか想像できますか？」「海洋には実際は領海という境界が引かれています。地球儀を眺めて，国と国とで海洋にある資源の奪い合いが起きている事実を想像しましょう。」といった学習に地球儀は適している。さらに，「海の水がすべて干上がってしまったとしたら，どうなるか想像してみましょう。」「深さ9,000mを超える，海溝とよばれる巨大な谷が日本近海にあるそうです。人間にとって未知の場所が，海底という世界に広がっています。」と説明し，児童の探検心も刺激できるだろう。もし海底地形が描かれた世界全図も用意できれば，きっとワクワクする学習になるだろう。

2章 低学年での活用例
－生活科から社会科へつなぐ指導－

第1節 絵地図は読めても平面地図が読めない子ども

🌐 **通学路を切れ目なくイメージできると情緒が安定する**

　幼稚園児から小学校低学年ぐらいまでの，幼い子どもの空間認識は独特である。方向感覚もあいまいでいろんな方向を指さし，「あっち」「こっち」「むこうのほう」などと真顔でいう。距離感覚にしても「このみちは，あせをいっぱいかいたからとおいよ」などと自己中心的な見方で表現する。6歳になり小学校に入学すれば，毎日歩行によって，通学路という決まった道を子どもだけで移動し始める。通学という行為を通して，通学路沿いの交通標識やお店，樹木，地域の人たちに接し，線的ではあるものの一定の空間認識が生じ，自我の芽生えとともに社会性も身につくようになる。

　一方で自分の通学路を地図に描いて説明できるか否かは，心理的な情緒の安定とも関係している。通学路の手描き地図が切れ目なく描けた場合，その子の生活世界が自宅と学校という二つの拠点をつないで安定するからである。一般に8〜9歳になると通学路沿いだけでなく，塾や親と買い物で訪れる場所までのおおよその方向感や距離感も出来上がり，頭の中に自宅の場所からタコあしのようににょろにょろと知っている場所までのルート沿いの知識が形成され始める（この段階を心理学ではルートマップと呼んでいる）。

　この時期に学校では生活科という教科の学習を経験するわけだが，どのように空間や地図に関わる学びを子どもに提供できているのだろうか。発達の適時に必要な課題を学習しなければ，その後の習得に支障をきたすことが考えられる場合，その学習課題を発達課題という。空間認識の発達につながる

地図力を育てる学習は，重要な発達課題の一つなのである。

🌐 **生活科こそが地図思考力を育むスタート**

　生活科の学習の中で地図が主役となれる単元は三つある。ひとつは入学間もない4月中旬から始まる単元「がっこうたんけん」という授業場面である。これは，学校生活への適応を意図した学習内容で，学校内の立体的な教室配置や学校内で働く職員が普段勤めている職員室や理科室，給食室などの部屋の位置，校庭で生き物がいる場所などを見つける学習である。

　しかし，残念ながら多くの学校では，「たんけん」した後できちんと校内の地図と照合させたり，手づくりで校庭の絵地図をつくらせたりすることさえもしていない。かつて低学年社会科が存在した頃には，空き箱を積み重ねて立体的な校舎模型を作製し，学校という空間認識を確かなものに変えていった実践がみられた。今日の生活科では，理科室の骨格模型や校長室たんけんなどで見つけた面白いモノや出会った人を言葉で表現させるだけで終わっている。その結果として，子どもはモノや人を場所との関連で認識できずに，ましてや立体的な教室配置や校庭全体の形を頭の中に描くことも難しいままとなっている。

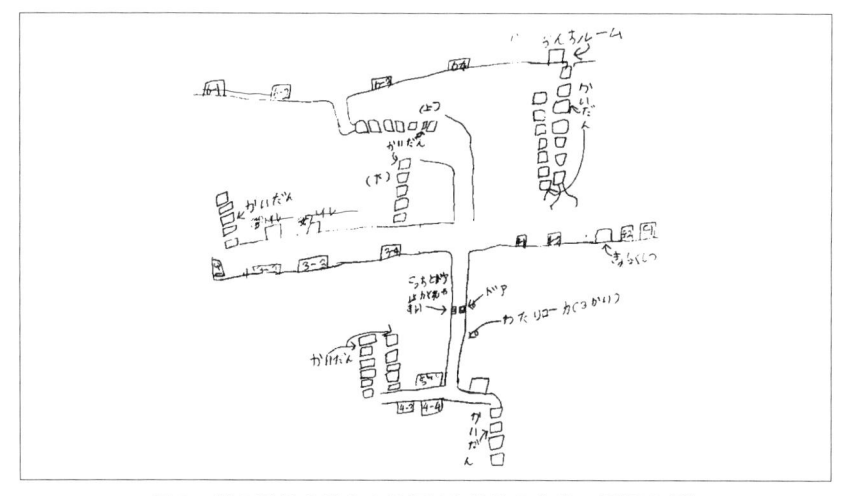

図5　蟻の巣状の校舎内地図（小学校2年生・男子の例）

前頁の図は，2年生自身が描いた校舎内地図である。上学年の教室がまるで階段で吊りあげられているように描かれ，いわば蟻の巣状になっている（図5）。立体的な校舎内空間が正しく認知できていないのである。

　では，どのように生活科の学習と空間認識形成を整合させていけばよいのであろうか。生活科においても問題解決的な学習で，しかも地図を通した思考力育成の学びを展開することができる。例えば，学校たんけんで見つけたものや人の絵カードを地図に貼り付けた後で，「みなさんの学級畑の近くにスコップやバケツなどの用具を入れた箱を置きたいと思います。どこに置いたらみんなが一番使いやすくなると思いますか？」と切り出せば，「畑の真ん中が使いやすいと思います。」「わたしは昇降口の近くがいいと思います。」「洗い場の近くがいいと思います。」などと各人の気付きが理由を付けて表出されるようになる。地図が，最も使いやすい箱の位置を思考させる舞台になる。

　二つ目の空間認識を伸ばす単元は，1年生の6月ごろに展開される通学路を確認するもので，学校生活に慣れた頃，通学路を改めて見直し，安全に気を付けて通学すること，通学路沿いの事象に触れて場所に愛着を持つこと，などがねらいとなっている。その頃の子どもが描いた地図を集めてみると，路面のアングルから地図が描かれ，家屋や電柱，塀などが道に沿って垂直に立ち上がって描かれることがほとんどである。交差点や脇道が描かれることはまれであり，子ども自身が道を歩いていく様子を思い出しながら通学路の曲がり具合も描き出されるため，「にょろにょろ地図」と言い換えてもいいくらい曲がりくねった地図が登場してくる（図6）。もちろん，方位や距離も正確ではなく，自己中心的な段階の地図といえる。

　しかし，多くの学校では単に，引率して学校の近くを散歩させ，安全指導を中心に行い，店や公園の場所を確認する程度で学校に帰ってくる。せめて，にょろにょろした地図でも，子どもに描くという体験をさせたいものである。

　三つ目の単元は，2年生の春・秋に展開する単元「町たんけん」である。これは，学校近隣の町に出かけて，お気に入りの場所やお店を紹介し，地域

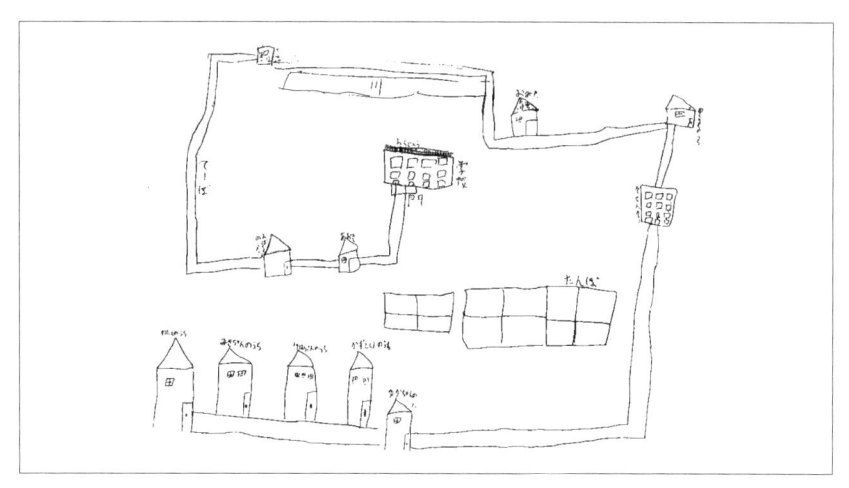

図6　ルートマップの例（小学校2年生・女子）

に愛着を持たせる目的で実施される。また，この延長で「秋の公園たんけん」につなげる場合もある。この学習のまとめとして，簡単な「たんけん地図」（絵図）を作図させている例が見られる。いわば，ここへきてようやく地図思考力の育成につながる学習が始まるということになる。扱う地図は一応，真上から見下ろした絵地図であり，心理学で言えば通学路以外に複数の道路や分岐（交差）点などが描かれるサーベイマップと呼ばれる段階の地図が一部に登場する。この単元は2学年生活科のメイン単元であり，30時間程度の時間数をあてる場合もある。第3学年以降に開始される社会科による地図思考力の育成につなげる意味でも重要な単元といえる。

　しかし，多くの学校では東西南北という四つの基本的な方位名や記号さえも扱わず，店や公園，児童館などの簡単な絵カードを模造紙の上に描かれた大まかな白地図の上に配置しただけで終わりという学習でとどまっている。方位や距離認識，物の配置，物の記号化など，地図思考力の育成に直結する空間認識の発達課題は，クリアされていないのである。

　以上の三つの単元だけでなく，地図と出会うシーンは他にも考えられるだろう。家族と夏休み計画を立てる際に，旅行先の地図をながめたりするかも

しれない。あるいは，生活科で「日なたと日かげ」に触れた際に，「校庭で霜柱が見つかる場所は二つあるよ。どちらも日かげだけれど，午後に確かめにいったら一つの場所しか霜柱が残っていなかったよ。どうしてかな？」とか，お正月の準備をする単元で「年賀状に書く親戚の住所をお父さんからもらった地図で調べたら遠くの県だったよ。」「動物園で，動物イラストがいっぱいの案内絵地図を見たよ。」など，低学年でも何らかの地図に絡んだ学習経験をしている。ただし，出会う多くの地図は真横から見た事物の絵が貼りつけてあるだけで，方位や縮尺も正確でない地図が多いかもしれない。しかし，それでもいいのである。方位名や位置関係を示す会話，遠い・近いなどの距離感を表す言葉，いろいろな種類の地図など，子どもたちは想像以上にさまざまな形で地図に関連した情報に接している。

　もちろん，3年生になると社会科の単元「わたしたちの市」の学習で市域の平面地図を扱うようになる。社会科の目標である公民的資質の基礎づくりのスタートに位置付けられる単元である。図書館までの道，おつかいで通るスーパーマーケットまでの道，遠くに出かける際に使う駅までの道など3年生なりに地図的な理解が求められる。都市部においては範囲が狭いので，自分の住む街（学区程度）のおおまかな地図（数本の街路と目印となる建物が記入された手描き地図）くらいは描けるようになってほしいものである。

　しかし，その力は多くの子どもたちに習得されていない状況である。社会科を大事に考えておられる学校長からは「生活科で簡単な地図さえ扱っていない」「3年の冒頭単元で，学区の地図を作らせたいのに，子どもの空間認識が全く形成されていないため指導に支障をきたしている」「生活科のまちたんけんと，3年生の学校のまわりの地図づくりで指導の質的な違いがない」などといった不満と心配に満ちた指摘を耳にしたことがある。できれば，生活科が終了する2年生の末までに，四方位名やおおまかな距離感，通学路から学区域程度の範囲に関する描図力を培いたいものである。

　現在，社会科が第3学年から始まるため，事実上，地図の基本要素である

方位や地図記号，地形の段彩，縮尺，土地利用の色などの学習が，社会科のみに課せられ，生活科ではまったく触れられていない。空間認識の発達は，発達の適時を逸してしまったら，その後の発達に支障が出てしまう。もちろん，生活科には独自のねらいや活動があるだろうが，生活科の活動に見合う形で方位や地図記号，さらにおおまかな縮尺の理解を導入し，空間認識や地図思考力育成のための指導の手順を早めるべきではないだろうか。子どもにとっても教師にとっても，生活科で扱われる「自分にとっての地図」から，社会科で扱う「人と共有できる地図」への移行をスムーズに実現させてあげたいものである。

第2節 ルートマップからサーベイマップへの発達を促す指導

短冊地図を描かせて放射状に貼り付ける指導

　第2学年の子どもに，白紙を渡して自分の住む町の手描きの地図を描かせると，真横（正面）から眺める視点で家屋や樹木，電信柱，ブロック塀などの地物を，道を表す線に垂直に立て懸けて描くことがほとんどである。まるで，家々が道路の両側にパタンと倒れているように描かれる。こういった展開図のような地図を描く空間認識をルートマップ型の心像と発達心理学の分野では呼んでいる。

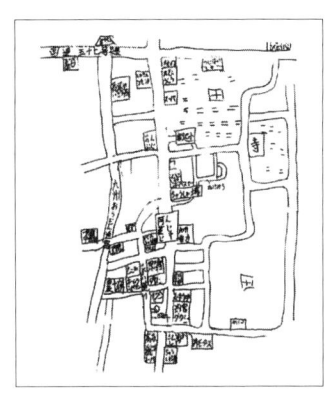

　一方，真上から見下ろした視点で建物や樹木の位置，交差点を伴った複数の道路をある程度正確に理解し，描ける空間認識を，サーベイマップ型の心像とよんでいる。平面地図を扱う社会科では，サーベイマップ

図7　サーベイマップの例
　　（小学校5年生・男子）

表4　真上から見下ろす視点を育てる地図指導の順序

指導順	指導の要点	主な学習内容
1	東西南北の確認	教室の窓から見える学校周辺の景観と基本方位の照合をする。
2	通学路の描図	短冊用紙に自分の通学路を描いて説明書きを加える。
3	短冊地図の一覧	学校を中心にした模造紙に短冊地図を方位を注意して貼りつける。
4	短冊地図の比較	友だちの描いた地図と自分の地図とを見比べる。
5	話し合い	クラスの友だちの通学路地図を大きな一枚の地図にまとめて表すにはどうしたらいいか、を考え合う。
6	白地図と短冊地図の照合	印刷された学区の平面地図に自分の通学路を見つけ、描いた短冊地図と平面地図とを照合する。
7	絵記号から地図記号へ	真上から見下ろす視点を、地図記号の当てはめ作業を通して獲得する。

が頭の中に形成されていなければ学習に支障をきたすことはもちろんである。

　最初の支障は、単元「わたしたちの市（町、村）のようす」で扱う学区から市域に至るエリアを扱う場面である。基本的には実生活で培った方位感覚と、市の地図との照合（例えば、学校の北に中央病院が見えるけれどそれは市全体から言えば少し南に位置していると解る状態）が頭の中でできれば心配ないのであるが、その照合作業が授業レベルで上手くいっていないことが多い。厳しい指摘かもしれないが、生活科から社会科につなぐ空間認識の形成、あるいは地図読解に指導上の断絶があると考えられる。この点の解消を目途に、わずか1授業時間分ではあるが、第3学年の冒頭で行う空間認知を重視した地図指導法を提案してみたい。

　おおまかな指導の順序は、表4にみられる通りである。

　順を追って重要な指導ポイントを解説してみたい。

①**通学路を短冊用紙に描かせる（短冊地図の作成）**

　まず、事前に教室の壁に四方位名の漢字を書いた紙を貼り付け、教室の窓から見える学校周囲の景観と基本方位（東西南北）の照合を行っておく。「校舎の北側には市の中央病院の建物が見えるね。校庭のある南には駅があり、その向こうに川が東から西に流れているね。」という程度の照合・確認作業

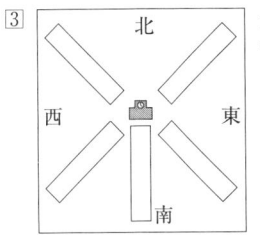

2章 低学年での活用例－生活科から社会科へつなぐ指導－

図8 短冊地図の指導法

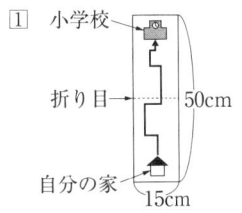

① 小学校　短冊用紙に家から学校までの通学路を描く。途中の交差点や建物も記入させる。折り目を約半分の道のりと意識させる。

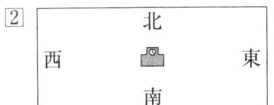

② 模造紙の中央に「学校」，四隅に方位名を記す。

③ 短冊地図を放射状に貼りつけることで学級の友だちが学区のいろんな方位と距離から学校に通っていることがわかる。

図9 短冊地図の例（小学校2年生・男子）

写真2 通学路の短冊地図を描く子ども（用紙を縦にし，下端に家を上端に学校を描かせ，家の方より通学路を描かせる。）

である。この後で，通学路の地図描図を課題として出す。子どもは，生活科で「つうがくろしょうかい」や「まちたんけん」の学習を済ませているので，自分の通学路地図は概ね描ける。もちろん，描かせる地図はにょろにょろとしたルートマップ型でよい。描図に使う用紙として横15cm，縦50cm程度の色つきの紙（短冊用紙）を用意する。まず，短冊用紙を渡し，「紙の片方の端に学校をもう片方の端に自宅を描きなさい。」と指示し，次に短冊用紙を半分に折り，折り目を付けさせる。この折り目の地点が児童の通学路空間の半分の地点であることを告げ，意識させながら地図を描かせる（図9）。

写真3　学校を真ん中にして放射状に貼られた短冊地図

「家から学校までの自分の通学路を，この紙に描いて下さい。道の曲がり具合もにょろにょろさせながら，自宅から学校までつなげていいですよ。覚えている道沿いの建物やお店，公園，田や畑なども入れながら，描いて下さい。」と指示する（約15分間）のである。折り目を意識させる工夫によって描図の難度を低くし，距離感が正しく描ける効果が期待できる。「私の通学路の半分くらいの場所にはコンビニがあり，その角の横断歩道を渡るから，最初はそこまでの通学路を描けばいいな。」とイメージできればOKである。

次に白紙の模造紙を廊下側の壁（窓）面に貼り，その中央に学校の絵記号を，四隅に東西南北の文字を記入しておく（多くの学校では，廊下の向きが，北のため）。その次が指導のポイントである。描かせた通学路の短冊用紙を手に取り，「（例）よし子さんは，学校から見て東の方から通学しているから，短冊をこの模造紙に東向きで貼り付けたらいいですよね。」と確認するのである。

つまり，短冊地図を模造紙に方位別に貼り付け，通学路の集合地図に変えるのである。なお，1枚の模造紙には20枚程度の短冊地図を貼ったら隙間がなくなるため，40人学級では全員分を貼り付けるとすれば模造紙は2枚必要になる。でき上がりは，学校を中心に短冊地図が放射状に貼り付く形になる（10分間）。

②短冊地図から地図読みにつなげる

この短冊地図は，児童の通学路の長短（距離感）や絵記号がバラバラである。そこに，次の指導ポイントが隠されている。「クラスのお友だちがいろいろな方位から学校に通学していることがこの地図から分かりますね。」「でも先生は気になることがあります。例えば，よし子さんが地図に描いてくれ

たこの道路と勇人君の地図のこの道路は同じではないですか？」さらに「二人の地図は，道路の太さも違うし，長さも違うね。それに，よし子さんが折り目ところに描いてくれたコンビニの絵は，勇人君の地図にもあるけれど折り目の場所じゃないね。」と共通点や相違点を突くのである。さらに，「同じ道路を通って，通学しているから二人の地図を1枚の地図にドッキングする方法はないかな？」と提案するのである。児童からは，「二人で話し合って一枚の短冊地図を描けばよい，でもほかの人も同じ道路を使っている人がいるからみんなで話し合って作るとよい」などと解決策が飛び出すだろう。そこで，「みんなで話し合って1枚の地図に仕上げるときに，描き方がバラバラにならないように何を一緒にしておけばいいのかな？」とたたみかけるのである（この話し合いに10分間）。このような話し合いの中で，方位や通学路の長さの描き方，目印になるコンビニやお店，道路の幅，建物や田畑を示す記号をあらかじめ決めておいて描くと分かりやすい地図になることが見えてくる。ここで，社会科で扱う「人と共有できる地図」の要件が，必然性を持って児童に受け止められるようになる。

　実際には，子どもたちに分かる学区全体の手描き地図を完成させるのは困難なので，この後で印刷された学区の白地図（道路と河川，学校などの公共施設があらかじめ印刷された地図，おおかたの学校には用意されているだろう）を見せ，「この地図は，大人が作った地図です。方位や道の形，主な建物などが正確に印刷されています。みんなが描いてくれた通学路はどこに当たりますか？白地図に書き込みながら，自分の通学路の長さや曲がり具合を確かめましょう」と照合作業を促すといい。ここで，ルートマップ型の空間認識にとどまっていた段階から，サーベイマップ型に一気に飛躍する瞬間が訪れる。その後で，「次の時間から，通学路以外の場所も調べたいね。学校の周りを方位別に歩いてお店や田畑，工場なども白地図に記号を使って書き込みましょう」と促す（10分間）。この作業で個々の子どもが持つ空間認識と方位や距離感が正しい学区地図との照合ができ，認知のズレが解消されること

になる。

③真上から見た視点で絵記号⇨地図記号を当てはめる

　学区の白地図に地図記号を書き込ませる場面で，気を付けなければならないことがある。「真上から見下ろす」という視点の転換を，子どもの頭の中で果たすためである。例えば「はたけ」「トマトばたけ」「ビニールハウスがある」などと児童によってバラバラの表記を統一し，簡単な畑の絵記号で示せることに触れておく。

　しかし，単にその作業だけでは「真上から」の視点の獲得には不十分なので，教師の支援として「道路から見た畑の景観写真」を白地図の道路の線に立てて置き，「確かにこの道から見た畑の写真ですね。この畑を真上から見て畑の絵記号を付けると，ここが畑の場所ですよ，と示す正しい地図ができるのです。」と教えたい。もちろん，畑でなく，消防署や警察署などを例にして解説してもよい。つまり，「真横から見ている」景観を，「真上から見下ろす」景観に転換させた上で絵記号（この後，絵記号を地図記号に置き換えれば容易に記号化は果たせる）を当てはめるのである（図10）。通学路の短冊地図⇨真上からの視点の獲得⇨絵記号⇨地図記号の当てはめ作業，これらを丁寧にやることで確実に絵地図からスタンダードな平面地図への移行が果たせる。

　可能ならば，生活科において，この指導を行っておくことが，発達段階からいっても十分無理のない内容であり，3年以上に空間認識力を接続する上でも必要な能力形成となる。生活空間の地図化は，子ども自身の「生きる力」につながるのである。

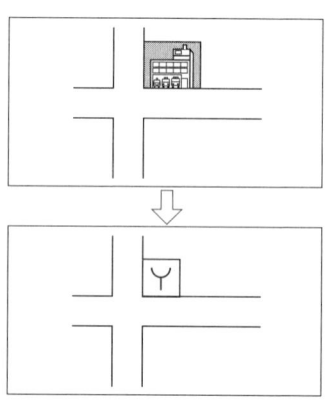

消防署を正面から撮影した写真を道に沿って立てて貼る。

同じ場所に消防署の地図記号を貼る。

図10　地図記号を当てはめる

3章　中学年での活用例
―空間認識の拡大期―

第1節　3年生の地図指導は方位→距離・縮尺→記号の順で教えよう

🌐「あっちの方」と東西南北

　3年生の子どもに「駅ってどっちの方にあるのかな？」と尋ねれば、「あっちの方かな？」と指をさしたり、顔を向けたりしながら答えることが多いだろう。そこで、「あっちって、どっち？」「この教室から正確に言うとどっち？」と切り返すことにする。教室内で方位の感覚が保有されていないと、答えに窮するのでそこを突くのである。多くの教室で廊下は北側に位置することになるので黒板は西となり、窓は南となる。「地球上のどこにいても方向を示す便利な言葉があります。それが東西南北です。」と切り出して、全員を立たせて廊下側を向かせ、両手を広げて東西南北を唱えさせる。掛け声と一緒にあたかも体操のように方位名を発声し、手旗信号のしぐさのようにキビキビと動かすと効果的である。なお、この指導法は、三十年ほど前から筑波大学附属小学校社会科研究部で推賞されていたものである。南を指す場合、両手を抱えて背中の方向に指すため、別名、「東西南北応援団」とも教員の間でよばれていた。社会科に限らず、生活科でも「日なたと日かげ」の学習の際、正午ごろに太陽が射す光（南）と自分の影ができる方位（北）も意識させる場面に生かせるだろう。

　また、方位体操では「右手がいつも東になるわけではないよ。北を向いた場合に、両手を広げた場合に必ず右手が東に、左手が西を指すことになります。」と確認させていきたい。

　筆者が、おすすめしたい動きは、これを改良・発展させた八方位を指す指

37

導法である。基本方位である東西南北を指した後，それぞれの間の方位を指す北東・北西・南東・南西を追加していくのである。八方位の名称をつかんでいれば，位置を正確に表現する際に便利である。できれば，3年生で獲得させていきたい。指導のコツは次のようである。

学びのてびき

方位のたしかめ方

方位は，自分が立っている所を中心と考えて，たしかめる。

昼の12時ごろには，かげが北にできる。

太陽がのぼるのが東。

右手を東に合わせると，顔が向くのが北。せなかが向くのが南。

太陽がしずむのが西。

●体を動かして，方位をたしかめよう

北を向いて立ち，声を出しながら，それぞれの方位に手をさし出す。くり返しやってみよう。

◎方位のたしかめ方
（小学校社会科教科書3・4上P8～9　教育出版刊）

　まず，自分の胴体の周りに，水平に方位盤が取り巻いているようにイメージするように指示する。「これから，方位の勉強をします。みなさんは東西南北という向きを示す言葉を聞いたことがありますか？これは『とうざいなんぼく』と言いますね。これを一つ一つ分けて両手を使って指しながら，覚えていく方法です。まず，廊下が面している向きである北を向いて右手を水平にして下さい。右手の指す向きを東，『とう』とよびます。」→「今度は左手を水平にして指して下さい。右手の反対の向きを西，『ざい』といいます。」→「背中の方位を両手で指して下さい。こちらの向きを南，『なん』とよびます。」→「最後に，正面の北を両手で指します。こちらを『ぼく』とよびます。」→「連続してやってみましょう！」→「東西南北！」→「よくできました。（クラスメイトの児童名を取り上げ），「よし子さんの家は学校からみると北と東のちょうど間の方位にありますね。これを簡単に表す言い方はないです

か？」→「北東という言い方を聞いたことがあります。」→「そうですね。今度は北と東の真ん中の向きに右手を水平に指しましょう。この向きを北東とよびます。」→「順に，北西（左手でほくせいと発する），南東（右手でなんとう），南西（左手でなんせい）と指していきます。これで八つの方位，八方位を体に覚え込ませました。」→「これから社会科で勉強するいろいろな市の場所も自分からみた方位で確かめるようにして下さい。」

この体操に似た動きを，テンポ良く発声しながら示範することで方位に興味を抱かせることができる。

東西南北の文字を書いた紙を教室の柱や壁に貼り付けたり，天井に円形の方位盤を貼ったりする例は，従来からよく見かけるがこのような工夫も積極的に取り組んでほしい。児童の体の周りに，まるで方位磁針が設置されたかのように意識させるのである。

🌐 縮尺は最後に触れる

前章から短冊地図や学区の白地図，市の地図，方位の理解について説明してきた。しかし，これらはいずれも縮尺が異なるか，あるいは縮尺を意識していない地図である。このため，児童によっては地図の表す範囲と，地図の大きさの関係について理解しがたい場合がある。「地図とは，実際の土地の形を一定の縮尺で縮めて表わしたもの」といくら説明しても納得しない児童がいる。言葉で説明するだけでなく，一般的な地図には必ず付いている縮尺（スケールバー）に，注目させる指導が大事である。「正確な地図の下には，必ずこのような横棒が付いています。これを縮尺と言います。」「実際の距離（1,000m）がこの棒の長さ（10cm）で示されているのです。」とだけ説明し，決して何万部の1の縮尺ですなどと表現してはならない。3年生の段階で，あまり聞きなれない分数を持ち出すと混乱するだけである。

🌐 便利な地図記号

「言葉で，ここは畑や田んぼ，住宅と地図にいちいち書くよりも便利で分かりやすい方法はないかな？」と切り出せば，「マーク（しるし）を決めれば

いい。」「文や◎などのしるしを見たことがある。」などと答えが返ってくるだろう。学区の地図づくりや買い物をした店の場所を示す地図（買い物地図）を作成させる場面でシールの色や形を決め，凡例(はんれい)を片隅に置くことで解りやすい地図になることをきちんと教えたい。

　一方で，「これから作る学区の地図には，すき間がないようにして下さい。同じ土地の使われ方の場所は同じ色で塗りつぶし，場所の説明は文字でいちいち書かないで記号を貼り付けます。その記号は，地図のきまりを示すものだから地図記号と呼びます。」と指示すれば，おのずと凡例や地図記号がどれほど便利な道具であるか伝わるはずである。さらに，子どもが地図記号の面白い形に興味を示す場合がある。消防署や郵便局，神社などを例に記号の由来を考えさせたり，外国の地図記号を紹介したりして，地図記号がいかに世界中で活用されているかに触れることも発展的な学習になって面白い。その場合，建物だけでなく駅や線路，道路，橋，トンネルなどの線も地図記号の仲間であることを押さえておきたい。

　ここで，教師としては商店街などを示した地図（街頭に設置されている）やマンションの売り出し広告に付いている地図，カーナビの地図，団地の案内地図，観光マップなど，実社会で使われているいろいろな地図を写真で紹介していく。このようにすることで，地図が自分たちの社会生活で役立っている事実に気付かせることができる。

第❷節　3年「学校のまわり」のフィールドワーク

　3年の冒頭単元である「わたしたちの市のようす」で，学校のまわりを歩いて簡単な地図をつくらせる指導がある。ここで紹介する実践は，元公立小学校教諭であった吉田和義氏（現・創価大）による最近の実践である。氏は，筆者の主張する指導法を参考に，次のように丁寧に子どもの空間認識を伸ばす授業実践を残してくれた。

指導計画と授業の様子を表と写真から再現したい。
◎単元の指導計画

過程	おもな学習内容（丸数字は配当時間）	指導上の留意点・評価
つかむ	○屋上から方位と地域の様子を観察し，主な公共施設や建造物の場所を確かめる。① ・東西南北方位体操をして，方位が分かるようにする。	○東西南北，北東，北西，南東，南西の八方位を確かめる。 ○それぞれの方位に，どのような公共施設や建造物が見えるか確かめるようにする。 ☆屋外で八方位が分かるようにする。（技能）
つかむ	○通学路や学校のまわりの様子を思い出し，地図に表現する。② ・自分が住んでいる周りの様子について地図に描く。 ・どこの範囲まで描くことができるか，確かめる。	○一人1枚ずつ白紙を渡し，自分が住んでいる周りの様子を地図に描くようにする。 ☆自分が住んでいる周りの様子を進んで描こうとしている。（関心・意欲・態度）
つかむ	○学区の地図を見ながら，学校のまわりの様子を調べる計画を立て，学習問題をつくる。③④	○学区の地図を見ながら，学区の広がりを確かめる。 ○これからの学習の見通しを持つようにする。 ○どこで何を観察するか，分かるようにする。 ☆学習の課題を立てることができる。（思考・判断・表現）
調べる	○学校のまわりの探検をする。⑤⑥⑦ ・学校の近くの，いちょう並木通りと川崎街道で自動車の交通量を調べる。 ・学区の白地図に観察して，分かったことを書き入れる。 ・川崎街道に沿って，店が多いことを観察する。 ・地区会館の近くに，田があることを観察する。	○担任だけではなく，教育補助員の支援を求め，安全に配慮する。 ○白地図上で，自分がいる位置が分かるようにする。 ☆たんけんで観察したことを，位置を確かめ，地図に書き入れることができる。（技能）
まとめる	○探検で観察したことを記録してまとめ，地図に表現する。⑧⑨⑩ ○地図に店，田，マンションなど色分けをして表現する。	○学習カードに，場所の様子を書き入れるようにする。 ○グループで学区の絵地図を描き，観察したことをまとめる。 ○地図には主な道路を描いておき，位置が分かるようにする。 ☆場所による違いを理解できる。（知識・理解）
まとめる	○地図をもとに調べて分かったことを表現する。⑪	○地図を活用し，地域の特色を発表する。

◎本時の目標（5・6・7時）

　学校のまわりを探検し，地域の様子を観察し，発見したことや観察して分かったことを地図に描き入れ，記録することができる。

○本時の展開

過程	学習活動と内容	指導の工夫と評価　☆評価の視点
つかむ　調べる	○町探検のめあてを確かめ，注意することを聞く。 ○学校を出発し，いちょう並木通りを通る。 ○いちょう並木通りの様子を観察する。 　・家がある。 　・薬局がある。 ○いちょう並木通りで，1分間に通る自動車の台数を調べる。 　・1分に6～7台 ○新田通りを通り，ＪＲ南武線の踏み切りを渡る。 ○川崎街道に出たら，道路沿いの店の様子を観察する。 　・コンビニエンスストア，薬屋，ハンバーガーショップがある。 　・店がたくさんある。 ○川崎街道で，1分間に通る自動車の台数を調べる。 　・1分に13～14台 ○なぜ店が多いか考えるようにする。 ○踏み切りを渡り，旧川崎街道へ行く。 ○「旧」の意味を確かめる。 ○大丸地区会館まで行き，まわりの様子を観察する。 ○まわりには何があるか確かめる。 　・畑がある。 　・田んぼもある。 ○大丸用水の雁追橋へ行く。 　・雁追橋の由来について説明を聞く。 ○大丸用水を見てから，学校へ向かう。	○交通安全上の注意を必ずするようにする。 ○学校の近くと，川崎街道の近くの違いについて注意するようにする。 ☆調べたことを記録することができる。 ○自動車の種類にも注目するようにする。 ○道路の左側の歩道を歩くようにする。 ○交通安全に注意する。特に，踏み切りを渡るときは2列で並んで歩く。 ○音にも注意するようにする。 ☆発見したことを白地図に描くことができる。 ○川崎街道沿いと，旧道の近くとの通行台数の違いに注意するようにする。 ○昔の地域の様子に関心を持つようにする。 ○地名と同じように，橋の名前にも由来があることを補足する。
まとめる	○探検のふり返りをする。	

3章　中学年での活用例－空間認識の拡大期－

写真4　「旧」という文字は、どんな意味かな？

写真5　通行車両の台数を観察する様子。

写真6　旧川崎街道を表示板で確認させる。

写真7　畑を確認し地図に記入させる。

43

写真8　色紙を使って家屋や田畑、お店などを配置する。

写真9　模造紙大に拡大された白地図に観察したことを書き込む。

写真10　班で作った地図（右上に方位記号が書き込まれている）。

写真11　各班の地図を互いに発表する（自分の姿を貼ったスティックで歩いた様子も説明）。

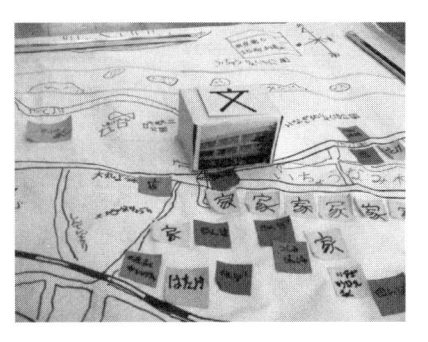

3章　中学年での活用例－空間認識の拡大期—

写真13　学校の小箱の屋根部分に「文」という地図記号を貼りつける。

写真12　自分人形のスティック

　子どもの学区における空間認識を，軸線となる主要な道路（川崎街道・旧街道）や地名を手がかりにして形成しようとする配慮がこの実践には見られる。また，写真でも分かるように，床地図上で自分の姿を描いた自分人形のスティックを持たせて，学区探検をふり返る指導法は特に有効である。

第3節　社会科地域学習の基盤をつくる方位距離図・等高段彩の活用

　3・4年社会科の学習は，地域を学習の基盤とし，地域社会の一員として公民的資質を培う単元が大半を占めている。市の様子やスーパーマーケット（以下，スーパー）の売り方の工夫，市の昔の道具と暮らしの変化，飲料水の確保やゴミ処理，警察・消防の働き，自県の特色ある地域など，地域に見られる事物・事象を学習内容として扱う地域学習が本格化する。

　地域学習には多くの地図が使われ，その背景として必要な知識・技能として方位や縮尺概念，関係位置の見方，地図記号の意味，標高ごとに色分けされた等高段彩，さらに印字された町・市・県など地名相互の包含関係などが内容となっている。これらの知識や技能をいかに効率よく子どもに獲得させ

ることができるか，例えば，次のような指導法を紹介したい。
⊕ 方位距離シートで市域の認知地図をつくる

　単元「私たちの〇〇市」の学習には市街地の地形や土地利用，交通，主な公共施設などの場所を地図に書き込んでまとめる場面がある。これまでのやり方の多くは，児童の認知地図と上手く適合しない指導が多かった。その原因には，いきなり市の白地図を配布し，その中に学んだことを書き込みましょう，と指示するもので，市の中で自分の学校がどこに位置するのか，学校から見てどの方向にどれくらいの距離に市役所があるのかさえも曖昧なままに「市役所の記号は◎です。白地図のどこに記入したらいいですか？」と問いかけていたことがあげられる。これでは，子どもたちは戸惑うばかりである。

　一般に，位置の認識は，方向感覚と距離尺度の二つが形成できれば正しく形成される。したがって，学校を中心に距離に応じた同心円の方位距離シートに記入させれば整理できる。

　次の図は，筆者が作成した方位距離シート（図11）である。この図に学校から見て目立つ建物や，社会科学習で必須となる公共施設や鉄道，河川，海岸線などを絵記号で記入させるのである。市役所は北東に約600m，中央図書館は西に400mなどという情報を与えて，手書きで記入していくことで認知地図が確実に形成される。始めは，教室内でも机を北に向かせて記入させると認知と合致できて効果があがる。

　また，方位距離シートでの距離の取り方は，学区や

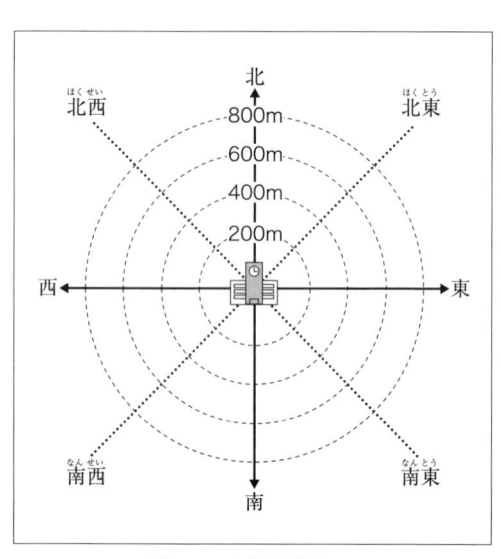

図11　方位距離シート

市街地の大きさによって変えることも可能である。山間部や離島では、距離が3,000m以上あるだろう。この図が完成したら、次に市（地域）が印刷された地図とドッキングする。縮尺が異なるため、単純には重ね合わせることはできないが、市の地図の中で、方位距離シートが示す範囲を円でおおまかに描くだけでいい。そうすることで、学校から見た市域の形や広さのスケール観が身に付いていく。

🌐 品物輸送地図で市内外を扱う

多くの場合、3年の2学期の実施される単元、買い物調べにおいて、スーパーの店内で売られている食料品が、どこからやってくるのかを調べる機会がある。豊富な品揃えや、新鮮な季節の品物を売るスーパーの売り方の工夫を調べさせる場面である。食品のトレーサビリティ（原産地表示）への関心が高まっている現在、生産地や出荷元の表示は、スーパーの店内でも目につく情報であろう。これを調べさせたり、特売のチラシを点検させたりすれば、国内外の多くの地名を拾い上げることができる。そこで、日本地図や世界地図が必要となる。日本や世界の掛地図で食料品の輸入元の地名や国名を確認させると、食料自給率の学習につなげることもできる。このときにも縮尺が活躍する。

例えば、首都圏であれば、およそ1,000kmも離れた（教師が縮尺でおおよその距離を割り出す）北海道の男爵いもが、トラックで近くの市場に運ばれてきた事実を取り上げる。あるいは、ニュージーランド産のキウイフルーツが、日本まで1万2千kmもの旅をして運ばれてきた事実をさりげなく扱う。3年生ではあるが、場合によっては、4年生から地図帳を借りてスーパーで売られている食品の生産地を調べる学習を展開してもよい。近隣にあるスーパーにも、世界中の食材が集まっている事実を驚きの眼で見つめることこそ、広い視野で物事を捉える社会科らしい見方・考え方の原動力となる。

このような指導法は、工場でものがつくられている題材を学ぶ場面でも当てはまる。原材料や製品が、内外から（に）運ばれている様子を地図に表し

て考える基本的な教え方でもある。画用紙の表に日本地図を，裏に世界地図の白地図を印刷し，児童に配布して作図させることも考えられるだろう。「〇〇市の△△スーパー」という文字を日本地図に記入させ，次に生産地の都道府県名や国名・食品名を書かせて，生産地の方からスーパーに向けて矢印⇒を書き込ませれば食品(品物)輸送地図ができ上がる。身近な地域にあるスーパーの食品が，地元でとれた食物だけでなく，いろいろな地域から運ばれる事実をつかませることができる。

🌐 スーパーの売り場案内図の活用

　3年生において，スーパーを取り上げた単元でも地図教材を活用したい。スーパーの学習で使用する主な地図や図は，主に売り場の食品配置図と，市内でのスーパーなどの立地を説明した買い物地図の二つである。教科書には，スーパーの売り場を描いたイラストが掲載されていることがあるので，それも参考にして，教師は学校近くのスーパーの売り場の食品配置図（画用紙に食品をマジックで記した略図でよい）を作成して示す必要がある。そうすれば「教科書に載っているスーパーの売り場の絵と，先生が作成した学校近くのスーパーの売り場の図を比べてみよう。」と発問すると「野菜・果実コーナー，奥に肉・鮮魚，売り場の中央にはお菓子や海苔，茶，インスタントラーメンが置いてあります。」と比べながら答えが返ってくるだろう。

　「近くのスーパーも，教科書の中のスーパーと品物が同じような場所に置かれて売られているようです。不思議ですね。食品やそのほかの商品の配置に決まりでもあるのでしょうか？」とさらに問いかけるのである。子どもたちからは，ユニークな発想の意見も出てくるだろう。身近なスーパーに謎が見出せるので，追究の意欲を掻き立てるのであろう。売り手側としての工夫は，「スーパーの食品は，夕飯の献立を主婦が思いつきやすいように野菜や果物から始まり，肉・魚，加工食品，デザート・飲み物という順で配置されている」「店舗の最も奥には，献立のメインである肉や魚を配置することでお客を店の奥まで引き寄せる」「惣菜はすぐに買えるレジ近くに置く」とい

うことがあげられるが、そのような発見に子どもたちを導きたいものである。
　一方、スーパーの立地を説明する買い物地図は、市の地図にいくつかあるスーパーの位置が、シールで示された教材地図が用意できればよい。その教材地図があれば、「スーパーも入っている○○ショッピングセンターが、国道沿いの郊外に出店したのはなぜですか？」「人の行き来が多い駅前に、大型のスーパーやショッピングセンターが少ないのはどうしてですか？」などと店舗立地の条件に気付かせることができ、また「ショッピングセンターが、市の中心部に住むお年寄りのために始めたサービスは何ですか？（送迎バスの運行など）」と売る側の工夫に切り込むきっかけを生んでくれる。専門的には、マーケティングリサーチ（市場調査）のために、市街地地図が必須であることと同じである。市の地図無くしてスーパーの教材は教えられない。

第4節　学びのアンカー・ポイントを増やす授業

🌐 認知地図の重要地点

　社会科の学習指導要領、第3学年及び第4学年の2　内容（1）－アに「身近な地域や市（区、町、村）の特色ある地形、土地利用の様子、主な公共施設などの場所と働き、交通の様子、古くから残る建造物など」とある。この扱いには、前述したように方位→距離・縮尺→地図記号の順に指導するとよい。
　学区の絵地図づくりを行った経験を想起させて市の白地図を提示し、「これは私たちの住んでいる市の地図です。◎は市役所の地図記号です。外枠は市の境界を表します。市の範囲と学区の絵地図が示す範囲を比べてみると学区はこれくらいです。」「学校から見て、市役所はどの方位にどれくらい離れた場所にあるでしょう。反対に市役所から見ると学校はどの方位にあるのでしょう？」と発問する。方位や距離を意識させた指導では市の形や広さを印象づけ、市と学校（学区）の位置関係が理解できるように市役所を起点に考

えるとよい。

次に、「わたしたちの市のまわりには、どんな市や町（村）が隣り合っていますか？」「土地の低いところや高いところ、広々と開けた土地や山々に囲まれた土地はありますか？」と発問して視野を拡大させておく。「市の西には○○市が、北には△△町が隣り合っています。○○川に沿った土地は低いと思います。」と方位名称や地名を使って言い表す授業（活用場面）を行うのである。

その後で地図記号の学習に移行するが、いきなり土地利用の記号を持ち出しては難しくなる。ノートに「にぎやかな場所・住宅の多い場所・工場や商店の多い場所・田畑の広がる場所」の四つの言葉を書かせ、「この四つの言葉のどれかを使って、市の様子を班で考えて説明文を書きなさい。」と指示する。言語力育成の観点から推奨したい指導法である。

さらに、学習指導要領に新たに入った「古くから残る建造物」もその位置や昔の様子、いわれなどを調べて白地図に書き表すことで「古くから残る建造物は、新しい住宅地や工場のある地区にはない」といった発見を引き出し、新旧の市街地の広がりを意識させることができる。これらは、学習の大きな目標でもある、「地域の様子は、場所によって違いがあることを考えることができるようにする。」を達成するための布石になる。

ひととおり土地利用の説明ができるようになったら、商店街や住宅地、工場、田畑などのいくつかの地図記号をあてはめさせて、市の土地の様子を地図に表せればよい。すると、駅や道路などの交通の広がりも分かってくる。最後に指導するのが、「人や物の行き来によるつながり」である。スーパーや工場で扱っている品物がどの道路や鉄道を使って行き来しているのか、周辺の自治体と通勤や通学、物流などでどのような行き来があるのか、県内や県外・外国とのつながりはあるか、などについて調べていく。

これらの学習過程は、前章で述べたように、いずれも子どもの頭の中に形成される認知地図の重要地点（アンカー・ポイント）を増やしていく作用と

言い換えることができる。

　この考えに従えば，体験や学習によって未知の空間を知っていく過程も，類似の発達プロセスをたどると言える。例えば，小学校社会科の授業で自分の住む市の地形や市を流れる河川の名前，主な公共施設やスーパーの位置を市の地図の上で確認するだけでも認知地図は形成される。

　加えて，隣接する市の名前や鉄道や高速道路をたどりつつ，市外の地名も知っていく学習も取り入れていくと，次第に外延的に認知する範囲が拡大することが予想される。

　つまり，その場所を訪れすでに知っている場所は，その体験との照合作業を頭の中で行い，まだ知らない場所であるならば，既知のエリアからの類推を働かせて，未知のエリアにも，いわば「学びのアンカー・ポイント」を形成させながら，認知地図（メンタルマップ）を発達させていくのである。

　3年の社会科学習で登場する主な地名や施設名称は，アンカーの役割を果たし，その地名の周辺にかかわりのある二次的な地名も付随的に備えていく。例えば，東京都23区内に住む児童が，都内の有名な観光地（浅草）や国会など国の機関が集まる千代田区や港区，スポーツイベントやコンサートで家族と訪れるさいたま市の位置を地図（鉄道路線）を頼りに，それらの位置関係を確かめる場合に地名は記憶される。スーパーで見かけた千葉県の落花生の産地名や神奈川県の三崎港のまぐろを記憶しながら，東金市や三浦市の位置を認知していくプロセスなどがそれにあたる。

　もちろん，4年で教えることが多い県の指導で，東京都の児童であれば，「わたしたちの東京都」の扱いによって多摩や伊豆諸島の存在にも気付き，東京都のいろいろな場所を理解し始めるのも，広い意味で学びのアンカー・ポイントを拡げていく過程にあたる。第3～4学年にわたる2年間は，児童にとっての地理的認識の急激な拡大期にあたる。地図帳の登場は4年生からだが，県や国土・外国に至る範囲まで，子どもの学びのアンカー・ポイントを拡げる牽引役として大事な役割を地図は担っている。

🌐 人さし指は自分の分身

「ちずことば」は単に口に出して言うだけでなく，人さし指で場所を指したり，なぞったり，囲んだりしながら，同時に言葉に出すことで協応的な動作となり，理解が進むものである。具体的には「指旅行」や指さし学習と呼ぶ手法を用いる。3，4年生の子どもは特に地図を体感的に理解したい年齢であるため，自分の指先で認識していくかのように指導するのが，コツである。

地図を教師が指し示す行為は，学習者である子どもにも注意を喚起する効果がある。

心理学では，幼児に指さしを見せることは，共同注意と呼ばれる効果を生じさせるとされている（無藤隆著『赤ん坊から見た世界－言語以前の光景－』講談社，1994年発行参照）。指さしは，指さす物やその指が触っている物を，背景から切り取って見るということのみを強調するように働く。指さしの方向にある対象，地図で言えば地名や地図記号を対象化するだけでなく，その対象の認識を他者と分かち合うことにつながっていく。本書でしばしば推賞している，ひとさし指による「指旅行」もこの指さしの効果をねらった指導法なのである。

河川を必ず，水の流れに沿って上流から下流へと指さしでたどる指導を教師が心がけることで，子どもにも川の流れや平野への注意を喚起することにつながる。鉄道路線や航空路に沿って指さしを促し，旅の気分を助長する図上旅行学習も同じである。「今から，このクラスで沖縄への旅に出ます。指を羽田空港の地図記号に置きましょう。」「さあ，離陸しますよ。みなさんの指を少しずつ地図から離して浮かせるようにしてください。」「みなさんの指が飛行機です。飛行機は南西諸島を通過して沖縄島が見えてきましたよ。」などといった指導によって地図を一層注意深く読取るようになっていく。

〇指でなぞる

とりわけ，人さし指の爪に目玉をマジックで書きこんだり，目玉を書いた

3章　中学年での活用例－空間認識の拡大期－

シールを貼ったりするなどの指導の工夫を行うと，指がまるで自分の分身のように見えてくる。「指先に目があるつもりで，それが自分の目と思って地図を見つめましょう」「その目でどんな景色が見えますか？」「指を鉄道に沿ってなぞりなさい。車窓からどんな景色が見えてきますか？」「指先で平野の緑を囲みましょう。この平野は○○平野と比べて広いですか？」「歴史を示す記号（青色）を指しましょう。昔の出来事が指先の目で見えてきますか？」などと指先に意識を集中させて発問・指示を心がけたい。

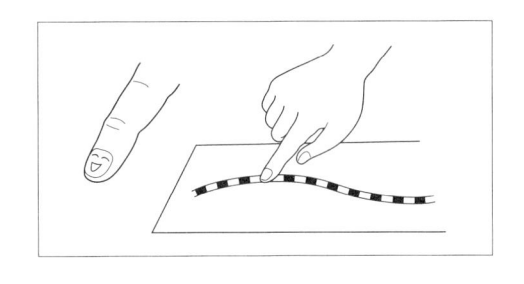

○八丈島に指旅行

　3・4年生で，自分たちの県を扱う単元では，自然環境を活かした県内のまちづくりを扱うが，例えば，東京都の場合は，伊豆諸島を扱うことが多い。その際，指旅行の手法で地図帳を開かせ，「八丈島まで地図の中の船で旅してみよう」と呼びかける。あたかも旅をしたかのような気になって，子どもたちから，「東京から船の航路を指でたどると途中に大島や新島，三宅島など七つの大きな島も見えてくる」「ずいぶん南まで来たから，ぼくの指が八丈島は暖かいと感じているよ」などと臨場感を醸し出す発言が飛び出してきたら大成功である。

　指の動きと，「ちずことば」の一体的な活用を習慣づけることができれば，

地図が大好きな子どもになるだろう。地図が単に紙面に描かれた図像でなくなり、地図から実際の土地の風景をイメージできるようになってくるからである。

🌐 等高段彩で白地図に着色させる

等高線の学習は、県や国土の学習で必要になることを考えると4年生の2学期までに済ませておきたい。一般には、標高ごとに4段階くらいに区分された市街地や、県の白地図を使うと地形の等高段彩が学べる。3年生で扱う場合には、標高の数字を入れずに、「低い土地」（緑）、「少し高いところ」（ベージュ）、「台地」（茶色）「山地」（こげ茶）という程度でもかまわない。高さに応じて地図の色分けがなされているという事実に気付かせればよい。

大きな都市の、しかも平野部に暮らしている子どもにとって、自分の住む家の建つ土地の標高や坂道、崖などの地形を意識することはあまりないだろう。しかし、豪雨や津波災害などの自然災害へ関心（状況判断力や危険回避能力）を保持するためにも、低い土地への関心は早い時期から育てておくべきである。「海面より低い土地をゼロメートル地帯と呼びます。わたしたちの市にそのような場所はありますか？」「〇年前に起きた豪雨災害では、市のどこが浸水したでしょうか？」「水や低い土地にちなんだ地名（例えば、沢や落合、潟、河原、谷）は地図に見つかりますか？」などと切り出して関心を持たせたい。

第5節 水・ごみ学習と県学習で進める地図の活用

🌐 水・ごみ学習でも地図を使う

4年生の1学期、前半の学習では、飲料水やごみ処理、消防署もしくは警察の働きなど、公共の仕事の意味を、教科書や市の社会科副読本で指導することになる。そこでは地図帳を十分に活用されただろうか。もしも、「公共の仕事の単元は自治体にかかわる内容だから、社会科副読本で済ませ、『地

図帳』は教室のうしろの棚に保管していますよ。」と教師から答えが戻ってきたら残念である。

　その理由を，東京都を事例にして解説しよう。ある社の小学校の『地図帳』には，東京都とそのまわりの地図（50万分の1）と東京都を中心とした鳥瞰図が掲載されている。この図には，奥多摩から流れ下る多摩川に沿って地形が緩やかに下がり，東京23区を始め，下町にかけて密集した市街地が広がっている様子が描かれている。飲料水として多摩川の水だけでは不足するため，東京都では利根川水系の水も利用していることが「取水ぜき」の記載から見てとれる。飲料水になる水滴を，上流の森に降った雨から順に指で辿らせる「水の旅」学習を進めてほしい。地域で配布される社会科副読本に掲載された地図だけでは，他県の様子がつかみにくいことが分かるだろう。水の学習は，広域の範囲でくわしく水系が掲載されている『地図帳』で確かめたい。

　さらに，ごみの学習でも地図帳は活躍できる。「東京湾の埋立と残されたところ」という主題図が載っている。ごみの埋め立てによって生まれた土地がある。紫色で塗られた埋立地を確かめさせると，その土地の区画は直線的であり，このような土地は，伊勢湾や大阪湾にもあることが分かる。これらの土地の周辺には，人口の規模を示す「回や◎」などの都市の記号があり，大きな街に隣接していることがみてとれる。このことから，「人がたくさん住んでいるところは，ごみも多いので，そのごみ処理のため埋立地がつくられたのではないか」と関連付けることができる。ごみ処理は自治体の仕事であり，そこでは工夫や努力が必要となってくる。つまり，ごみ処理といった公共の仕事が地図帳でも発見できるのである。

　大都市に近い山地を抱える自治体では，産業廃棄物の最終処分場がつくられることがあり，それを必要とする大都市との間で土地提供の協定を結んでいたり，水道水の確保では水源涵養林としての貢献も大きかったりする。これらの複合した内容は，市で発行している社会科副読本に掲載されている地図では十分説明できない場合がある。とりわけ，環境問題の視点を加味する

ことによって，水とごみの単元学習でも地図帳をじっくり読むことになり，広い視野で公共の仕事の意味を捉えさせ，問題解決力を伸ばしていく。

🌐 県の形を回転させない

　水やごみの学習でも地図帳を使うことをすすめたが，4年の学習で最も地図帳を活用する単元は「わたしたちの〇〇県（都道府）」であろう。この単元で，県の形を厚紙に写し取り，それを拡大して黒板に貼り付け，県の特色に気付かせる指導はよい指導である。

　一方，あまりおすすめできない指導法がある。それは県の形の厚紙を，北を上にして眺めさせるだけでなく，回転させていろんな角度から眺めながら，「何の形に見えますか？」と発問する指導である。児童は動物や物・人の形をイメージして活発に発言するのだが，この指導法には先が見えない。ここで言う"先"とは，社会科としての学力である。県の形をいろんな角度から眺めさせて形を問う指導は，単に形の面白さをイメージさせるということであり，例えば，図画工作科での学習ならば考えられるが，県の正しい形を学ばせたい社会科にとっては，常に上を北にした形でイメージさせるべきである。北を上にした形で捉えないと，3年で学んだ市の形，さらに県内での市の位置に関する既習知識との整合ができないばかりか，隣接県との位置関係認識にも不都合をもたらすことが考えられる。『小学校学習指導要領解説　社会編』（文部科学省）にも記述されているが，「県の特色を考える手がかりとして，県内における自分たちの市及び我が国における自分たちの県の地理的位置，47都道府県の名称と位置を調べる対象として挙げている。」(43ページ)の一文とも関わってくる。市→県→国の形という具合に，いわば空間的な包含関係になっている点を理解させるためにも北を上にした県の形で扱った方がよい。

　47都道府県の中から，パズルのように都道府県の形だけを抜き出して「あっ！北海道は逆さにすると〇〇のように見える！」などと発言させても都道府県の学習としてはあまり意味を持たない。47もの都道府県で成り立

つ我が国の姿は，北を上にした状態でとらえつつ，自県が，県の仲間である都道府県の広がりの中でどう位置づいているかを考えさせることで県の特色（日本の中で北のほうにあるか，太平洋側に面しているかなど）を考える手がかりにしたい。

　もちろん，確かな国土イメージが習得できた後なら，日本海側を上にして逆さに日本を眺めてみるなどの視点も試みられるだろう。しかし，自県の形や位置も曖昧な段階で，県の形を切り抜いて岬や湾のユニークな形から，それが何に見えるかをあれこれ考えさせてもあまり意味がない。

　むしろ県の形を切り抜くなら，臨海県の場合は海岸線と隣接県との県境との区別をしながら切り抜く丁寧さが欲しい。そうすれば，おのずと県の地形学習に移行できるからである。「私たちの県はこのような形です。水色の線は海岸線であり，茶色の点線は，山や平野で隣の県と接している県境です。」と解説するだけで，おおまかに平野（水色側）と山地（茶色側）の広がりが予想できる。

　その後で「この厚紙に県を横切る鉄道と高速道路，幹線国道のラインを写したトレーシングペーパーを重ねてみましょう。どのようなことが分かりますか？」「次に，県内にあるすべての市町村も重ねてみました。どうですか？」などと指導の流れを工夫すれば，「海岸に近い場所に大きな市があります。大きな市を結んで鉄道や高速道路が走っています。」「人口の少ない町や村は，そのような場所とは違ったところに散らばっています。」などが見えてくる。その後で，県全体の主な山地や平地，半島，川，湖，海などの地名記入や等高段彩の着色作業をさせていくと確実に県の特色が見えてくる。

🌐 単元学習と県学習のリンクを張る

　折にふれて地図帳を開かせている学級では，4年生の1学期の「水やごみ」など公共の仕事の単元で，自治体の果たす役割が地図でイメージできているはずである。もし，この点の指導が足りていない場合には，県学習の際にふり返ってほしい。県の拡大図が載っているページを開いて，地形や交通，土

地利用などを扱う場面で「水の学習で，市の水道水は〇〇川の水を使っていることを１学期に学びましたね。〇〇川の水を飲んでいる自治体は，ほかにどのあたりにありますか？」「市のごみ処理でクリーンセンターを見学しましたね。地図帳で，そのクリーンセンターの場所を確かめましょう。県内には大きな規模のクリーンセンターがあと五つありますよ。それはどのあたりにあると思いますか？」などと発問するのである。そうすれば，県内の人口規模が大きい市の位置が単元学習のふり返りでも判明する。

　昔の用水の開削や，農地の開拓を扱うことがある学習でも，県の地図で「もし，この用水や農地が造られなかったら〇〇市（町・村）は今の人口に達していたでしょうか？」と問いかけ，土地が耕され開発が進むことで，人口が増え，交通が発達したこと，工業用水の確保ができたことで工業も発達したことに触れるとよい。このように，県学習を行う場面で折にふれて，既習の水やごみ，昔の開発などについて地図を使ってふり返ることで社会的な思考力は一層高まる。

🌐 47都道府県の学習は暗記ゲームではない

　学習指導要領で強調された47都道府県の名称と位置の確実な習得は，単なる暗記ゲームの推奨ではない。先に述べたような47都道府県の形のみに着目させて，バラバラのピースを，「これは何県でしょうか？」とあたかも遊びを楽しむような活動は，時間がかかる割にはあまり意味がない。それよりも北を上にして県の形に似ている動物や物の形を言い当てたり，その県のシンボル（例：青森県はりんごで有名）とのセットで記憶させたりするなど，日本全図の中での位置を丁寧に確認させることの方が，国土の知識を確かなものにする上で意味がある。

　47都道府県の名称と位置の学習は，あくまで県の学習の延長にあり，我が国の中での自県の位置を確認し，同じ県の仲間や県とは異なった都道府といった呼び名の存在に気付かせることがねらいなのである。もちろん，５年生の国土学習や産業学習を支える上でも，この知識が役立つのはいうまでも

ない。
　しかし,この段階で47都道府県の県別の地理をくわしく扱うわけではない。自県の主な山地や平地の名前,都市名,交通の様子,隣接する県名などは扱うが自県以外の地理的な特色を自県のようには扱わなくてよいのである。もし,自県以外の46都道府県の特色をカルタ遊びを通して扱いたければ,総合的学習の時間を使って展開するか,カルタに盛り込むイラスト描きを,図工と絡めて実施するなどの工夫が必要となるだろう。

⊕ 47都道府県の効果的記憶術

　「暗記ゲームではない」と前述したものの,集中的に一度は都道府県名を記憶させる時間を確保したい。わずか1授業時間分ではあるが,県境が印刷された日本全図の白地図を使って,対戦感覚で楽しく覚えるやり方がある。
(方法) 2人1組になり,それぞれ自分の色を1つ決める。
　→北海道と沖縄県のどちらかを選び,白地図の中に北海道もしくは沖縄県の名称を漢字で記入し,自分の色をぬる。
　→じゃんけんをし,勝った人は自分の色のとなりにある都府県を選び,県名を書き,自分の色をぬっていく。
　→より多くの都道府県名を書き,自分の色が広がった方が勝ち。

　じゃんけんを楽しみながら,飽きずに47都道府県名を白地図に記入できるはずである。また,(　　)内に都道府県名を記入できる白地図ワークシートが用意できれば,表5のような指導もできる。指導案を提示したい。

⊕ 県内1泊2日の社会科の旅

　ところで,自県が掲載されている拡大図を用いて,グループ毎に旅プランを考えさせる指導法は,地図をくわしく読もうとすることになるので有効である。その際,子どもの人指し指を使ってルートを読み取る指旅行と,指先で五感をイメージさせて読み取る方法を併用するとさらにうまくいく。
　ここで,前述した指旅行の技法を用いる。指先で読み取れる地図の絵記号や地名,交通,土地利用などを読み取るのである。例えば,「横浜を出発し

表5　47都道府県の名称と位置を教える白地図ワークシート活用の指導案

（1時間配当）

時間	学習内容	指導のワンポイント
15分	●日本全図の白地図に次の5つの都道府県名を書きこむ。（例：北海道・沖縄県・東京都・大阪府・自県） ●残りの県名を白地図のワークシートの（　　）の中に地図帳を見ながら声を出しながら書き込む。 ●全部で1都1道2府43県あることを地図帳で確認し，自県の位置を地図を見て表す。	・掛地図を掲示し，北海道と沖縄県，東京都と大阪府，自県の5つの位置を指示棒で指し，名称と位置を確かめる。東京都は，日本の首都であることについてもふれる。 ・記入と同時に，県名を声を出して読ませることで記憶を促す。（　　）に必ず漢字で記入するように指示する。 ・自県の周りにどんな都道府県がとなり合っているかを確認させ，言葉で自県の位置を表現させる。ただし，地方区分には深入りしない。
30分	●前時に記入したワークシートを，今後は北から臨海県に沿って指でなぞり，その後で内陸県を指す。 ●自県や特徴のある都道府県を選び，それが何の形に似ているかを友だちと考える。 ●地図帳で自県の様子（地形や産業，歴史記号など）を確認し，自県と大きく異なる県を3つ程度選び，その県を代表する事柄を地図帳から探す。	・記入した（　　）内の県名を片方の指で押さえ，確実に言えるようになるまで臨海県→内陸県の順に確認させる。 ・生き物の形に見える場合には，目玉をどこかに付けると面白いと示唆する。（例：静岡県に目玉を付けると金魚の形に見える。山形県は人の横顔みたいだ。） ・47都道府県すべてに，代表的な事柄を選ばなくてもよい。住んでいる県の位置によって，記憶が定着しにくい都道府県があるので注意させる。（例：東京の児童は，近畿地方や九州地方の府県が記憶しにくい傾向がある。）

て箱根町で1泊。富士山と芦ノ湖が見えるよ。宿では温泉につかってゆっくり。伝統工芸で寄木細工があると書いてあったからお土産に買いました。翌日は小田急線で町田市の親戚の家に立ち寄って帰りました。途中に○○工場が見えました。」などと県内社会科旅行を楽しむのである。

4章　観光を教材開発する

　観光は，非日常の世界への移動を伴う経験であり，教師にも子どもにも学ぶ楽しさを誘発するテーマである。観光は，知らない場所への旅行を想起したり（アウトバウンド），外からやってくる観光客に自分の街を紹介したりする（インバウンド）といった交流もイメージさせる。観光を社会科の内容として生かすには，地図＆地球儀の活用は欠かせない。観光を社会科の教材として開発していくことで，地図技能や写真の読み取り，乗り物の発達過程についての知識を育むことができ，子どもの社会的な視野も広がり，知らない土地への寛容の精神も培うことができる。いわゆる「旅育」の考えである。ここでは，これからの社会科の単元開発の有力株の一つとして，観光を教材開発する意義を実践例から述べてみたい。

写真14　日本観光振興協会の依頼で行った寺本による「旅育」授業（東京都港区芝小学校にて）。

第1節　社会科における観光をテーマとした学習の意義

　観光というテーマは，まだ知らない土地を旅してみたいと願う好奇心にも支えられ，その土地の様子に，子どもにも興味や関心を抱いてもらうことのできる学習の窓口である。旅先の宿周辺の街を知るためだけでなく，そこまでの旅行ルートや，観光地を巡る上で地図は必ず利用する。国内外の観光地を調べる上では，何といっても地図帳が活躍する。小学生の地図帳には，産業，歴史，環境などが記号によって表されているので，都道府県を巡る観光ルートを地図帳の活用で立案できる。地球儀では，海外旅行を計画する際に活用できる。例えば，ハワイやオーストラリアに旅行を計画する場面では，地球儀で確かめると時差や気候の違いが容易に理解できる。観光というテーマは，海外や他県からやってくる観光客の動向や観光行政，まちづくりなど，内容が多岐にわたるため，従来の社会科単元だけでは扱えない内容が含まれている。しかし，観光という業種へ向けたキャリア教育や，総合的学習も関連させれば今後の教材開発が期待できるテーマであろう。

　まだ構想段階ではあるが，10種類ほど単元案を作成してみた。市民的資質として将来，子どもたちが自立した観光者（観光客としても，観光客をもてなす側としても必要な資質を持った人）になるために，社会科がどのように貢献できるかという観点に立って構想したものである。そのため，従来の社会科が目的とする「公民的資質の基礎」を養うための学習内容と多少異なる内容も盛り込んでいる。これらの資質の整合性を図る作業は，今後の課題である。なお，この構想案の作成に当たっては，（財）国際観光サービスセンター発行『カリブ観光教本―小学校用―』（訳本）にモデルとなる項目があり，それを参考にした。

【資料】社会科＋総合的学習で扱う観光単元（構想案であり，単元名と主な学　　　　習内容のみを列記。これらの単元は，すべてを取り上げるのではなく，　　　　1～2の単元を選択活用してもよい。小学校第4学年以上，中学校第

2学年の間で想定した。)

単元1　観光の意味と観光客とは？

・遠方に旅行することだけが観光でない。
・観光客にはいかなる国籍，人種，年齢の制限はない。
・観光客には地域観光客，国内観光客，国際観光客の3種がある。
・観光客という用語の意味が分るようになる。
・人はどのような場合にどのように観光客になるのかを理解する。
・教室内に地図や旅行パンフ，写真，お土産品，乗り物のおもちゃなどを展示した観光コーナーを作る（展示には年齢や人種，国籍の異なる観光客の写真や地図が必要）。
・子どもに「○○を旅する観光客の私」と題する作文と絵をかかせる。
・観光とは，ある目的地から別の目的地に向かう旅行を含み，旅行ルートを地図や地球儀で設定できる
・観光には，観光客が旅行を計画し始めた時点から，帰宅する時点までのすべてのサービスと活動が含まれる。
・観光関連サービスとは，宿泊施設，交通機関，飲食施設，娯楽施設，通信手段，アトラクションや博物館にかかわる仕事である。
・教室内の観光コーナーに掲示されているサービス産業の写真やサービスを受けている観光客の写真をもとに子どもに観光業の仕事の中身を説明させる。

単元2　旅のはじまり

・人類は，その歴史の始まりから旅をしている。
・人は余暇，仕事，健康，教育のために旅行し，地図を必ず利用する。
・旅行会社は，旅行を実行する上で重要な役割（旅行先の情報提供，価格提示，保険など）を果たす。

- 有名な旅行家による旅の記録（紀行文）の通読と，地図上での旅の確認は楽しい学びになる。
- 観光のきっかけ，動機（友人を訪問，他の土地の現状，宗教行事，スポーツ，余暇，冒険，仕事，買い物，医療，避暑・避寒）への理解は必須である。

単元3　旅行会社の仕事調べ

- 子どもに，今まで旅行した経験を紹介させる。3〜4の旅行先を地図も使って挙げさせて，旅の理由を書かせる。その際に，旅行会社を利用したかどうかもふれる。
- 今までに旅行した印象の強い場所の絵地図を描く。
- 旅行会社をクラスで訪問し，実際の旅行手配の様子を見学する。学校に戻り，旅行会社で集めた資料をもとにして，旅行者役となった子どもが，カウンターで問い合わせや予約を行うような模擬的演習を行う。
- 旅行代理店の仕事として，お客さんの要望に合った宿の紹介，ルートの設定，費用の説明，キャンセル代金の発生などを説明できるようにする。

単元4　人はどのような交通を利用して旅行するのか

- 子どもに，異なった交通手段の写真を集めさせる。観光コーナーに集めた写真を展示する。
- 地図帳をもとに，空，海，陸のそれぞれの交通機関を分類させる。
- 例えば，北海道への旅行を可能とするさまざまな交通手段を理解する。自動車，バス，鉄道，自転車，航空機，船，ヨット，カーフェリー。
- 時刻表の読み方を習得し，地図と併用して旅行を計画する。
- 地図（帳）や地球儀で移動距離を割り出し，服装や持参するものなどを，月別平均気温を手がかりに予想して選択する。

単元5　観光という仕事の世界

・観光は，いろいろな経済効果をもたらすことを理解する。
・観光の振興によって，雇用が創出されている地域の事例を知り，その背景を地図で知る。
・観光が雇用や経済的，社会的，文化的に貢献している事例を写真で集めて話し合う。
・リゾート地で買い物をする観光客になったつもりで3つの買い物をさせる。リストを作成させて消費税の額を計算させる。その国では，どのように税金を徴収するのかを知る。

単元6　自然を守ることと観光振興

・日本の山，海，川などの自然における資源が，観光に役立っている事実を知る。
・地図や写真を使って，美しい自然がいかにリゾート観光に役立つかを知る。
・観光開発によって自然が破壊された例を知る。
・ごみの不法投棄，魚の乱獲，サンゴの損傷，荒れた森林などを，地図や写真で知る。
・自然保護に関係するビデオを見て話し合う。
・自分が住んでいる県だけでなく，まわりの地域の観光地の自然を地図で調べ，保全に向けての活動を知る。

単元7　東京の魅力（例）

・東京には，さまざまな理由から多くの人々が訪れる（仕事，余暇，医療，買い物，進学，留学など）。
・観光客は，東京の都市美（例：渋谷のスクランブル，電飾）や文化（例：江戸時代からのデザイン），施設（例：スカイツリー）などにひかれている。
・観光客は，メディアの宣伝や口コミ，旅行会社の勧めなどの影響も受けて

東京に来ている。
・東京を紹介したパンフレットや地図を集めさせ，さらに雑誌や新聞に載っている東京の広告を収集させ，広告がどのように観光客に東京行きを決定させたかを調べる。
・東京らしさや日本らしさが味わえる場所や体験を選定する。
・東京に旅したくなるようなポスター，もしくはコマーシャル（60秒ＣＭ）を作らせる。

単元8　自分も行きたい新しい旅行企画商品

・国内外から，それぞれ自分が行きたい場所を一つ選んで，その理由を提示する。
・その理由に基づいて，3～6泊程度の旅行商品を開発する。
・地図を使って旅行ルート，行き先の情報，宿の選定，予算の立案を試みる。
・企画商品にタイトルを付ける（例：恐竜王国を訪ねる福井の旅，夏の名残りを追いかけて秋の沖縄）。
・地図や時刻表，写真や土地の情報などを盛り込んだ数枚の旅行パンフレットの作成をする。

単元9　観光地はどのように形成されるか

・箱根，軽井沢，清里，秋葉原，浅草などの観光地の特性を地図やガイドブックで調べる。
・観光地の魅力の核心を見出す（温泉，風景，メルヘン，アニメの舞台，下町情緒など）。
・リピーターが多い観光地の魅力を，ブログや宿の口コミ記事から探す。
・雑誌やチラシ，旅行番組からメディアによるイメージ操作を知る。
・白地図に主な名所と観光施設，店舗を書き込み，観光施設分布図をつくる。
・観光地化される以前の地図と比べる。

単元10　観光まちづくりの事例を調べる

・自然環境を生かした県内のまちづくり（地形の魅力，河川や湖，湾の風景，食べ物など）の例を調べる。
・伝統や文化を生かした県内のまちづくり（焼き物，工芸，酒，郷土食，祭りなど）の例を調べる。
・歴史を生かした県内のまちづくり（文化財，町並み，史跡）の例を調べる。
・観光まちづくりに努力している人々の働き，工夫，他地域との交流を調べる。
・地図を使って県内の新しい観光地（特産品や観光ルート）を構想する。

第2節　小学校社会科第4学年における観光単元の実践

　ここでは，筆者が実際に小学校現場に出向いて，実験的に授業に取り組んだ事例をもとに考察したい。下記の資料に掲載した指導計画案は，新宿区内のある公立小学校の4年学級を，5時間借りて実践を行ったものである。拙い実践ではあるが，子どもが自分たちの住む東京都を，観光の視点から見直すことができる展開を心がけた。

【資料】小学校社会科第4学年単元「ようこそ東京都へ：私たちの観光案内」（全28時間）

①　ねらい

　小学校の社会科は，社会生活の理解を育み，地域社会の一員としての公民的資質の基礎を養うことが求められている教科である。第4学年の2学期後半の単元である「私たちの東京都」は，都内の地理的特色を学習することで，都民としての資質を育む基礎的学習の役割を果たしている。しかし，単に東京都の地形や人口，都心となる地域の配置，交通，産業，まちづくりなどを並列的に学習するだけでは，輪切りの学習に陥り，児童にとって自分のこと

として受け止められない，受け身の学習になりがちである。そこで，「東京都のよさ」に気付かせる窓口として観光を取り入れ，「観光客が抱いている東京都のイメージと，楽しみにしていること」「自然環境や歴史・伝統文化などを生かして観光で町おこしが成功している都内の事例」「他県や外国との交流でよさが発揮されている事実」などの学習を通して，観光単元として組み替えることができないかと構想した。観光を窓口として東京都の理解を図り，よりよい地域社会をつくろうとする資質を育むことを本単元のねらいとしたい。

② 指導計画

● 第1次　どうして東京にはたくさんの人が訪れるの？（6時間）

《第1時》日本の真ん中に位置している特色（よさ）に気付く
・東京には，仕事や旅行で訪れる人は何人くらいいるの？（地図帳を使って日本の中での位置，新幹線や空港などの交通網，広い関東平野の真ん中，都心や大きな人口のある市の位置，大学や大使館，会社もたくさん集まっている事実に気付く），多摩地区や，伊豆諸島は自然がいっぱいだけど，観光客はやってくるのかな？
・東京都の白地図に地形や都市名，観光資源を書き込もう。都心や副都心とされる地区があるね。日本の首都でもあるし，仕事で訪れる人々が多いみたいだね。

《第2時》東京都の中にはどんな観光地があるの？
・浅草，上野，秋葉原，新宿，高尾山，伊豆大島などが描かれている観光ポスターやパンフレット，観光ガイドブックを集め，その中の写真や紹介文（キャッチコピー），イラストマップを調べる。
・東京の紹介の仕方は，どのような文章やイラスト，写真が使われているのか。グルメ店の情報やテーマパークなどを紹介したものが多いね。自然の

よさを紹介したパンフレットはないの？

● 第2次　グループ毎に自然環境を生かした観光地の事例を調べ，旅行パンフレットを作ってみよう。（7時間）（八丈島の場合）

《第1時》亜熱帯の気候を生かした観光がある。
・八丈島の位置と気候の特色。黒潮の影響とおいしい魚介類。
・八丈島を紹介した観光パンフレット（自治体で作成）の書式を調べよう。
・珍しい植物，イルカ見物
・高倉の役割

《第2時》八丈島の観光パンフレットを描こう。
・子どもが楽しめるパンフレットにしよう。

● 第3次　グループ毎に歴史や伝統・文化を生かした観光の例を調べ，旅行パンフレットを作ってみよう（8時間）（浅草の場合）

《第1時》浅草はどうして外国人に人気があるの？
・浅草を紹介したパンフレット（台東区観光協会作成）の中身を調べよう。
・仲見世にあるお土産店の品はどんなもの？
・和風のお土産（暖簾（のれん），扇子，はっぴ）は，外国人にとってはカッコいい？
・織物のデザインや色，着物は外国人にも人気があるんだね。

《第2時》浅草の観光パンフレットを描こう。
・子どもが楽しめるパンフレットにしよう。

● 第4次　他県や外国とつながる東京都（7時間）

《第1時》都道府県のアンテナショップや，外国の大使館はどうして東京に集まっているの？
・都道府県のアンテナショップは，どの区に多いのかな？（各県の物産の紹

介がメイン)。
・外国大使館は各国の東京支店?
《第2時》調べたことをまとめよう。
・東京のよさが表れたタイトルを考えよう。
・調べてきた紙を綴って各班1冊の東京紹介観光パンフレットを作ろう。

　この実践の最後に,観光パンフレットづくりに取り組むこととした。それぞれ作成したＡ３サイズの観光案内ポスターを4人分持ち寄り,模造紙に貼り合わせる方式で作成した。都内在住とはいえ,浅草や八丈島などの島々には,案外行ったことのない子どもも多く,地図帳で確認させる学習を通して,旅する意欲を掻き立てることができた。観光学習は,知らない土地を学ぶ上で効果的な手法である。子どもたちが,この学習をいかに楽しみながら取り組んでいったかが,授業の様子を写した次の写真から伝わったら幸いである。

写真15　八丈島観光協会からもらったパンフレットを手がかりに自作のポスターを作る。

第❸節 観光立県, 沖縄における小学校社会科実践

　もう一つ,観光の視点を導入して開発された単元の事例を紹介したい。開発したのは,沖縄県の小学校で実践された例である。沖縄県は,観光立県であり,年間約548万人(2011年)もの観光客が国内外から訪れている。このため,ホスピタリティ精神の涵養を促す観光教育が,熱心に取り組まれている。教育委員会も参画し,沖縄県観光コンベンションビューロから,児童向け観光読本とワークブックが,県内の小学校に配布され観光学習を取り入れた社会科実践が展開されている。筆者の知るところ,沖縄県以外で類似の小学生向け観光副読本を作成しているのは,宮崎県と和歌山県がある。今後,観光産業に重きを置いている自治体では,次世代のおもてなし県民を育成するためにも,この種の施策が期待されよう。ここでは,琉球大学教育学部附属小学校の山内かおり教諭が平成22年秋に実践した社会科の単元を紹介したい。筆者は,山内教諭の単元立案の作業に参画・助言し,以下の単元開発につなげることができた。

【資料】沖縄県で実施された観光授業の概要(第4学年社会科指導案)

1 ― 単元名「めんそーれー　沖縄県　私たちの県のよさ」(全32時間, 総合4時間を含む)

2 ― 単元について

　社会科3・4年単元「わたしたちの沖縄県」については,今般の学習指導要領より,「ア　自県の国土における位置,47都道府県の名称と位置,イ　県全体の地形や主な産業,交通網・都市の配置,ウ　特色ある地域の人々の生活(自然環境を資源として生かしたまちづくり,伝統・文化を資源として生かしたまちづくり),エ　国内の他地域や外国とのかかわり」の4つの小単元学習を通して学ぶことにしており,自分たちが住む県のよさを広い視野から理解し,県民の一人として,まちづくりに関わっていこうとする公民的

な資質を育む大切な単元である。しかし，内容のアとイに重きを置くとなれば，範囲が東西600kmに広がり，島々が多い沖縄県の場合は容易ではない。ともすれば，単に県の地理的知識の単純な理解にとどまることも予想される。また，内容ウのまちづくりの事例の学習に至っても，単に資源として生かしたまちづくりの事例学習に終わりかねない。自分たちが住む県の資源（よさ・魅力）に気付き，積極的に関わっていこうとする意識を育むには，「自分ごと」として県のよさや魅力に気付き，関わっていこうとする何らかの学びの窓口が必要である。そこで沖縄県の場合，リーディング産業である「観光」を窓口として設定し，自県の地理的知識を観光地の情報と重ね，自然や伝統・文化という資源を生かした観光の視点から捉え直すことで，県民の一人として主体的に自県のよさや課題を追究できるのではと考えた。

　沖縄県は亜熱帯気候に属しており，自然の美しさや独特な文化や人に魅せられた多くの観光客が訪れる，日本を代表する観光立県である。沖縄の観光は，観光名所を巡る団体観光客による，一回限りのものだけでなく，年間数回以上も訪れる個人客（リピーター）が，観光の7割を支えている実態がある。事前に児童にアンケートした結果，本学級の児童は，観光客はいわゆる観光名所を巡るために沖縄に来ているとの認識にとどまっている。こうした児童の意識と，リピーター客が多いという実態とのずれを扱うことで，観光の視点から沖縄県のもつ本当のよさに気付いてもらいたいと考えた。

　また，単元の後半では，内容エに関わって，国内外からやってくる多くの観光客が気持ちよく観光を楽しむために，エコロジー・モビリティ（環境に配慮した交通選択）の視点から自県の交通問題に着眼させたい。沖縄島は，地図で見ると分かるように南北120kmと細長く，そのため道路事情が悪く中南部では大都市圏並みの交通渋滞が発生している。交通渋滞問題は，観光客にとっても切実であり，那覇市内や恩納村の海岸道路などは，ときとして激しい渋滞が発生することから，レンタカーの返却時間にゆとりを持つようにと指示されるなど，観光客は制約を受けていること，また，レンタカーの台

数が多いことが，渋滞の一因でもあり，タクシー業者に不満が高まっていることなどの問題に気付かせたい。「住んでよし，訪れてよしの沖縄県」を実現するためにも，単元終末時に作成する「わたしたちの沖縄県観光振興プラン」づくりを通して，この単元が，自分のこととして主体的に受け止められるように促していきたい。

　指導に当たっては，観光からみた沖縄県のよさをメインにおき，伝統・文化を生かしたまちづくりの事例地として，南風原町の絣の里づくりを，また自然環境を生かしたまちづくりへの事例として，海水と気候を生かした天然塩の生産に励む粟国島を扱いたい。観光の窓口を意識させるきっかけとして，ビギナー客とリピーター客のニーズ比較から，沖縄の本当のよさとは何かを思考させ，その中で，児童が仲間（ペア・グループ・集団）やゲストとの協同の学びを通して，自分や仲間の考えを吟味し合い，問い直していく中で，「沖縄県の観光が盛んであるということの意味の追究」を自分こととして追究していくだろう。その結果，自県のよさに対する見方・考え方が社会的に更新される学びを目指したい。

3 ― 単元目標

① 　見学や地図帳・観光読本をはじめとする資料活用などを通して，豊かな伝統・文化や自然を生かしたまちづくりが，観光の盛んな沖縄県の魅力を高めていることを知る。

② 　沖縄県の観光が盛んであるということの意味を追究するために，リピーター客の観光目的である「保養・休養」に着目させ，その背景について友だちと吟味し合い，沖縄県の魅力に関する見方・考え方を更新する。

4 ― よりよく考え，学び合う授業を創り出すための教師の働きかけ

○よりよく考える子どもの姿（価値の更新）

実践前：沖縄県には，県外や外国から観光客がたくさん来ていることは当たり前のことであり，観光客の目的については，地図帳からも分かる暖かい気候やマリンレジャー，首里城などの文化財観光を楽しむことが目的である，といった表面的な予想にとどまっている。

実践後：リピーター客が観光の7割を支えている事実に気づき，沖縄県が持つ本当の魅力を理解し，県民の一人としてよりよい観光地になるように意識する（自県のよさを社会的な見方・考え方で捉え直す）。社会科では，「よりよく考え学び合う授業」を行うために，身近な事物・事象やそれにかかわる人に対して「どうしてなんだろう？」「もっと調べたい」「知りたい」と，自らの好奇心や意志でかかわろうとする状況を生み出し，社会事象の背景に横たわっている意味を，自分のことに引き寄せて考えさせたい。

そこで単元目標を達成し，自県に対する見方・考え方がより社会的になるために，以下の視点で働きかけを行う。

① 県のよさに関する知識や理解を深めるために，地図帳の丁寧な読み取りや観光地写真の提示をしたり，資源を生かしたまちづくりを見学したりして具体的な事実から考えさせる。

② 「どうして沖縄県にはリピーターが多いのだろう？」とか，「沖縄の本当の価値は何か？」と疑問を抱かせるように，子どもの既成概念から問いを生み出す。

③ 観光がもたらす意味について考えさせるために，「沖縄県の本当のよさ」をキーワードにする。

④ 写真や地図，観光客動向のグラフなどの掲示資料を根拠に，自分の考えを述べさせるために，それらを活用する状況をつくる。

○ビギナー客のニーズとの比較をすることで，リピーター客を通した沖縄の本当のよさ・魅力に迫る。

○何を比較させるか

修学旅行生や新婚旅行客などのビギナー客が訪れる，観光地や観光目的

のデータとリピーター客のそれらを比較させることで，リピーターが保養を目的にやってきていること，保養の中身が，都会の生活と大きく異なる時間の過ごし方であることに気付かせたい。具体的には，沖縄らしい自然の楽しみ方や時間の感じ方，方言（うちなーぐち）の響き，おいしい食事，美しい風景，琉球ガラスに代表される光，ホスピタリティあふれる人柄のよさ，本土にはない歴史と伝統が醸し出す魅力などが挙げられる。

5 ― 授業の実際　全32時間（子どもの姿をもとに，教師の働きかけをふり返りながら次時にいかす。【　】内は学ばせたいことと教師の働きかけ・リフレクションは個人，グループなど）

・第1〜2時：【附属小の連携校がある北海道の旭川から，みんなのクラスに転校生がやってくるとします。事前に県の様子を知らせてあげるとしたら，何と説明しますか？と設定し，日本全体の中での沖縄県の位置を地図帳や地球儀を使って緯度や本土からの距離を正しくつかませ，沖縄県の特色を説明する場合には，どんな言葉で説明できるか考える。日本の中には，沖縄県と同じように県と呼ぶ仲間が43あるが，旭川市のある北海道は北海県とは呼ばない。47都道府県の構成が分かる。】

・第3〜5時：【沖縄県の地形や気候の特色，主な産業，空港が多い事実，主な都市の位置，世界遺産，料理などを調べて，よりよい沖縄県の観光案内ができるように知識を増やす。】
地図帳で調べると，沖縄県は高い標高の山がない，多くの島で成り立っている，一年中温かい，台風が被害をもたらす，観光が主な産業である，那覇市のほかに沖縄市や名護市，石垣市などの市があり，人口が少ない小さな町や村もある，などが確認できる。

・第6〜14時（うち見学4時間は総合で確保）：【伝統・文化を生かした絣の里で有名な南風原町の見学を通して，複雑な工程と想いが込められた織りの琉球絣の魅力に気付き，観光土産物としてもっと絣が有名になってほし

いと願う。】手織りのよさが分かる人は，本当の沖縄のよさに気付いている人。観光客は本当に高価な絣の着物を買っているのか？南風原町全体で絣祭りを行って県内外の人にPRしている。
・第15時～第20時：【県の観光の動向を調べ，リピーター客が観光を支えている理由について考える。】

　沖縄県には，本土の海とは異なり，青い綺麗な海があり，年中暖かく，琉球絣のような伝統を生かした工芸品もある。だから多くの観光客が訪れ，その数も増えている。観光客の目的は何だろう？修学旅行生や新婚旅行客などのビギナーは，何を目的に観光しているのかな？観光客の割合は，実はリピーターが7割を占めている。それは，どうしてなのか（本時）。

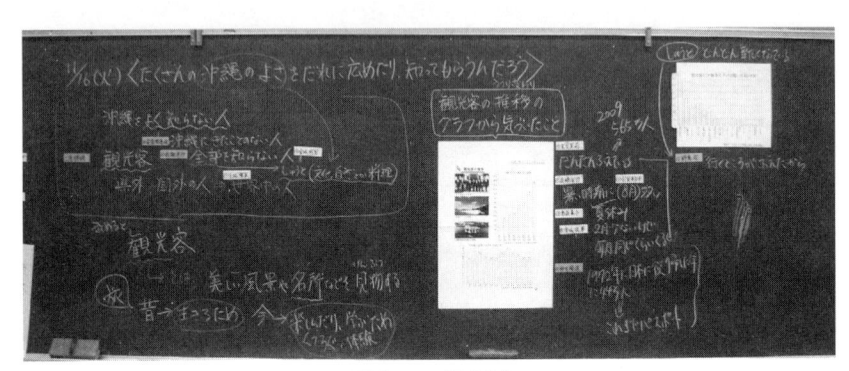

写真16　板書例

・第21時～第24時：【自然環境を生かした粟国島の塩づくりを通して，天然塩の製造に欠かせない条件が，沖縄県の魅力でもあることに気付き，粟国塩をもっと有名になってほしいと願う。】

　深い海に囲まれ，ミネラル豊富な海水が，天日によって乾燥できる粟国島の塩づくりは，健康によい塩である。健康志向の強い観光客に人気の品となっている。

・第25時～第32時：【美しい沖縄の環境を守るために国内外からの観光客が増えても大丈夫なようにエコロジー・モビリティ（環境に配慮した交通

の観点から,沖縄島の交通問題の存在に気付き,改善策を考える。】

　渋滞問題が,レンタカーの返却に支障をきたしている事実に気付き,観光客だけでなく県民にとっても,自動車に依存しすぎた交通を考え直す必要があるのでは？しかし,気候が暑い,雨が突然横から降る,バスは便数が少なく時間が遅れる,モノレールはいいが通っていない地区が多い,沖縄の人は車が大好きだから渋滞はしかたがない,1家に2台以上の車を持っている家庭もある,坂道が多いところは自転車も使えない,道が狭いから観光客が気持ちよく観光するためにも自動車は減らした方がいいが無理ではないか,CO_2や排出ガスが那覇市内はけっこう多いのではないか,交通渋滞はのんびりとした沖縄のイメージと合わないから,リピーター客は離島に行きたがる。沖縄観光をもっと盛り上げるプランを書いたポスターを作ろう！

6 ― 本時

(1) 目標

　リピーター客が7割も占めているわけを考え,沖縄県の観光が盛んであることの意味を,見学やこれまで学んだことを友だちと吟味し,自分なりに考えることができる。

(2) 創り出したい学び

〈沖縄県の観光が盛んであることの意味を捉えること〉

　観光と子どもの接点は,次の2点がポイントである。

　第一点は,子ども自身も,観光に出かけその土地のよさを感じ取っている。

　第二点は,沖縄にやってくる多くの観光客の動きや観光地の様子について,子どもも見聞きしている。

〈よりよく考えさせるための視点〉

視点1:保養と休養の具体的な中身について考える。

視点2：これまで学んできた知識（地域資源：自然環境，文化，人）を総動員させて，沖縄県の本当のよさを追究する

　保養・休養の布石：東京という都会との比較で行う。保養につながる沖縄の言葉：電車がない，ウチナータイム（沖縄風の時間感覚），冬も暖かい，イチャリバチョーデー（会えば皆兄弟），テーゲー（適当），海，ヤンバルの山，空気がいい，離島という地理的な位置

〈子どもの学び〉

　20回以上来県しているリピーター客の，旅行目的は何かについて問う授業にする

　県の観光課のホームページに載っていたデータ（訪問回数別にみた旅行内容別シェア）をもとに，20回以上のリピーターの目的である「保養・休養」の具体的な中身を探る授業を展開する。

　保養・休養の背景を探ることにより，本当の意味での沖縄県のよさ（観光が盛んであることの意味）に辿りつくだろう。まず，子どもの問いである「なぜ，リピーターは，何度も沖縄に来るのだろう」については，その後，データ（訪問回数別にみた旅行内容別シェア）を提示して，20回以上のリピーター目的が，意外にも「保養・休養（のんびり・癒し）」だということに，着目させる。次に保養と休養の具体的な中身について吟味していく。その時，子どもは，以前に学んだ知識（東京などの忙しい都会との比較や保養，休養に関連する沖縄独特の言葉，海，ヤンバルの山，空気がよい，離島という地理的な位置）などを総動員させて，沖縄の本当のよさに気付くだろう。沖縄県は，観光が盛んであるという意味についての見方や考え方が，更新されるような学びを目ざす。

〈目指す子どもの姿〉

　「わたしたちの沖縄県」は，地形や気候，産業や文化の面からも本土とは大きく異なっていて，そのことが本土より劣っているわけではなく，多くの人たちに魅力として受け止められている。観光で何度も訪れるリピー

ター客の求めに応えられるような県にしていくために，もっと県のよさを磨くことが大切であり，そのことは，沖縄県本来のよさに自分たちも気付くことが大切であると自覚できる子どもを目指したい。自県を広い視野から眺め，そのよさについて仲間と学び合いながら再認識していく過程で，地図帳や統計資料を扱う技能も磨いていける。観光は，地図＆地球儀の活用を促す窓口なのである。

(3) 本時の展開

主な学習活動	予想される子どもの姿	個をつなぐ教師の働きかけ
追究課題 　何のため（目的）にリピーターは何度も沖縄に観光にくるのだろう？		比較の視点を与える。 ・観光客の目的別統計 ・観光客増加の統計グラフ ・観光地がわかる沖縄県の地図
①比較してわかったことをまとめる。 　ビギナー客とリピーター客の目的は違うところがある。 　リピーターは保養を目的にやってくる。3泊程度は，最低楽しんでいる。 　本土でも，田舎からでなく都会からやってくるリピーターが多いのでは？ 　グラフをよく見ると，ビギナー客の中から，どんどんリピーターが生まれているのではないか，ビギナー客の第一印象も大事。 　リピーター客の本当の目的は何だろう？		比較してわかったことを整理し，違いを明確にして，沖縄県が観光のさかんな県である事実を確認する。自県のよさについての見方や考えを広げるために沖縄に住み着いた移住者の思いを綴った文章を読ませる。 自県のよさに対する見方が，どのように変化したのかの視点からまとめる。
②ゆさぶりの問いかけ 　飛行機で何万円もかけてわざわざ保養にやってくるなんて本当だろうか？ 　本土から沖縄に20回もやってくる人がたくさんいるらしい。		
保養の中身をいくつかの視点から考える。 ③自分の考えをノートにまとめる。	視点：都会での忙しさと沖縄の忙しさの違い 冬でも暖かい気温の違い 食べ物などの物価の違い 人々の言葉や立ち振る舞いの違い	

この授業について実際の参観はできなかったが，観光を扱った学習は，子どもたちにとって大きな興味関心を引き付けることに成功したようである。沖縄県の子どもたちは，自分の県に観光客がたくさんやってきている事実には気付いているが，リピーター客が大半を占めている事実や，保養を目的に多くのリピーターが飛行機で20回以上もやってきている事実，そして，地図帳で確かめると東京や大阪からの移動距離が長く，経費のかかる旅行を何十回も繰り返していることに驚く。この事実こそ，子どもたちに訴えかける内容であった。観光は，非日常の世界との出会いが感じられ，しかも名所や名物，レジャー，文化財，地場産業，地域おこしなど提案性のあるポジティブな要素が入っているので，子どもにも興味や関心を引き付けやすい題材である。多くの人が観光にやってくる理由を考えたり，反対に外へと観光に出かけて行く場合の計画を立案したりと学習内容が前向きであり，ポジティブに受け止められる。

　現在の小学校社会科の教育課程には，なかなか観光の新単元を組み込む余地はないが，4年に実施される「わたしたちの○○県」という将来の県民としてのシチズンシップ育成をねらいとした単元を，いわば観光単元として組み替える案を提案してみた。今後，多くの実践を蓄積した上で実現を図ってはどうだろうか。また，LCC（格安航空会社）が進出する今日，早晩国内外への気軽な家族旅行も増えるに違いない。人生の中で，積極的に休暇を楽しみ，観光を通して成長を促す教育（旅育）にも関心が高まることを期待したい。

写真17　ペアで日本地図を眺め，北海道や沖縄県への旅行プランを考える子どもたち。

5章 高学年での活用例
－中学校の社会科へつなぐために－

　高学年は，地図＆地球儀という形で，できるだけ両方を併用しながら学習すると効果が上がる。さらに，中学年で育成した「ちずことば」も駆使すれば，より高い思考力が育成できる。では，産業学習や国土・歴史学習，中学社会科地理学習へとつなぐために，どのように思考力を高めていったらよいのだろうか。

第1節　位置・同定・対比・移動・関係をたずねる発問が鍵となる

　社会科の地図学習も当然，言語活動を豊かにする役割を担っている。なぜなら，地図も言語の一種だからである。地図に描かれた点や線，施設，土地利用などの記号や標高に応じた色彩は，いずれも意味を有したサイン（記号）という一種の言語であり，地名は言葉そのものでもある。ここでは，地図＆地球儀の活用場面で，具体的にどのような発問を工夫すれば，豊かな言語活動を実現できるのか，A～Dの4つの基本的な型を提示したい。

🌐 発問の型

A：位置や場所をたずねる発問（同定）

　「位置」という概念は，数理的位置（方位や距離，緯度・経度）と関係位置（複数のものの相対的位置）で捉える場合に使われるが，「場所」は位置に加えて，歴史的な由来やイメージも加味し多義的に捉える場合に使う。どちらも「○○はどこにありますか？地図（あるいは地球儀）を使って説明しましょう。」と発問することで豊かな言語活動が引き出される。あえて「地図を使って」と指示するのが指導の極意である。

81

例えば，「東京都は日本のどこにありますか？地図を使って説明しましょう。」と問い，児童から「本州の真ん中にあり，太平洋側にあります」（位置），「人口が最も多く江戸時代以降，政治や経済，文化の中心地です」（場所）と答えが返ってくれば満点である。

　「〇〇はどこですか？」は地図帳や地球儀を読み取る際の基本的な発問であり，誰にでも思考を促す問い方となる。「東京都の周りにはどんな県が接していますか？」「たくさんの人口や交通網が，東京都やその周辺に集まっているのは，広い平らな土地（平野）があるからですね。何という平野があるからですか？」と少し視野を拡げるだけで，関東平野の中央にある東京という見方も理解できるようなる。

　歴史単元を例に考えてみよう。「頼朝は，どこに幕府を開きましたか？」は，第一発問としては簡単だ。子どもからは「鎌倉です。」とすぐに返事が返ってくる。むしろ，次の第二発問が鍵となる。「近畿（京都）から遠い関東の鎌倉に，どうして頼朝は幕府を開いたのでしょう？」が授業の成否を決める。当時の日本全体からみた鎌倉の位置や鎌倉周辺の地形，源氏の本拠地であった東国の要地である点が地図から見えてくる。もちろん，地図帳の縮尺を使って，京都からの距離を測らせるとさらに学習に深まりが生まれる。

　「〇〇はどこですか？」「どのように広がっていますか？」「周りはどうなっていますか？」「どうして〇〇という場所にあるのでしょうか？」は，地図から言葉を生み出す指導の基本として意識しておきたい。

B：地域を比べる発問（対比）

　何といっても「比べる」発問は，科学的思考を促す発問の定石である。小学生には，できる限り二つの事物事象を丁寧に対比させることを指導したい。例えば，5年の食料生産の単元で，食料自給率が教材になるが，日本とアメリカの地図を同縮尺で比べさせ，「日本とアメリカはどうして自給率の差がこんなにあるのかな？」「二つの国の国土の大きさを比べてみたら？」「両国の農業の中身を比べてみたら？」「もしアメリカからの穀物の輸入がなく

なったら，日本人の食べるものはどうなりますか？」などと，比べる発問が有効に働くようになる。

　単元「暖かい土地と寒い土地のくらし」の学習も，比べる発問が鍵になる。例えば，自分たちの住んでいる県と沖縄県（あるいは北海道）の緯度を地図帳で比べさせる→さらに『地図帳』に掲載の理科年表の気温表から1月・2月の那覇市と札幌市の平均気温を比べさせる→沖縄と北海道のいろいろなくらしの様子を調べる→「比べてみて住むとしたら，どちらの方に住みたいですか？」と発問することでさらに特色が客観的に理解できるようになる。

　空間的な対比だけでなく，歴史単元では時代を比べる発問も面白い。地図と絡めた発問では，「江戸時代は五街道の整備が進められたけれど，明治時代と比べると交通の発達はどのような違いがあったのでしょう？」「第二次世界大戦の前と後とを比べると日本の領土はどう変わったのでしょうか？」などは地図を必ず使うため，言語活動に深みも出る。

C：動きを問う発問（移動）

　地図を眺める楽しみの一つは，地図上で旅行の気分を味わえる点にある。つまり，地図の上で「動き」がイメージできるのが面白い。この面白さを子どもたちに味わせたい。

　単元「わたしたちの○○県」のまとめで問いかける，「2泊3日で県内をめぐるおススメ観光ルートを企画するとしたら，どんな案がつくれますか？」や，単元「日本の食料生産」で食料輸入を考える際，「小麦がミシシッピー川を下って集められ，日本に運ばれてくるルートを地球儀上で確かめましょう。」と問いかける，人やものの動きが頭の中で容易にイメージできるような発問がこれである。

　歴史の単元では，源氏と平氏の戦いの場所を示した地図から，次第に平氏が西国に追い詰められていく様子が想像できたり，江戸時代の大名行列が通った道をたどれば，参勤交代の時代の旅が想像できたりする。発問としては，「日本まで小麦は，どこを通ってやってくるのでしょうか？」「大名行列

の道中の苦労は，どういったものだったのでしょう？」などといった問いかけがこの種の発問となる。

D：関係をたずねる発問（関係）

「越後平野ではどうして米作りが盛んなのでしょう？地形と川，気候とどんな関係がありますか？」とたずねる発問が，関係をたずねる発問である。自然と人間生活との関係，核となる農工業の生産地とそれを成り立たせる条件との関係，土地柄，土地に根差した文化の時代を挟んだ関係など，それぞれの対象の関係をたずねる発問こそ，最も社会科としての水準が高いものである。「寒い土地のくらしとエネルギー消費量との関係は？」「工業の盛んな地域と交通網の発達との関係は？」などの比較的やさしい関係知から，「市の南に市街地が広がり，発展してきた理由は？」「明治維新を起こした藩（薩摩・長州）と，親藩・譜代・外様大名の分布との間に何か関係はありますか？」「地球儀で見ると，大陸はどちらかというと北半球に広がっています。大陸の広がりと，先進国と途上国の間に横たわる経済格差に何か関係はありますか。」など，やや高度な関係をたずねる発問こそ社会科らしい思考力が高まる授業といえる。

基本は「比較しましょう」「二つの事柄の間にはどんな関係がありますか？」「原因と結果（始まりと終わり，条件と効果など）の関係は見つかりますか」，「見付けた事実は，どういったしくみや構造になっていますか」「これらの事実にはどんな意味があると思いますか」などと問うことば（一部に「ちずことば」も駆使しながら）で，思考が深まるなら素晴らしい。特に関係を見い出す力は，社会事象を構造的に捉える力に通じ，現代に生き働く思考力といえる。

🌐 言語活動を豊かにする授業の条件

一般的に，言語活動を豊かにするための授業の条件は，第一に言葉で表現（疑問や解釈，説明，論述，要約）したい意欲をもたせることができるか，第二に児童にとって言語化しやすい方法が提示されているか，第三に言語活

動の結果が単元のねらいに生かせるかの3点である。

　第一についてだが,「どうして太平洋ベルトに工業の盛んな地域(工業地帯や工業地域)が集まっているのかな？」という疑問を,児童に持たせる授業であることが大切である。子どもがそのわけを説明したくなるほどにその事象に関心を抱き,「自分のこと」に引きよせて問いを捉えることができるか,が最も大切な授業の条件である。

　太平洋ベルトの題材に例をとれば,日本地図を使って有名な工業地帯や工業地域の名称を確認しつつ,「京浜工業地帯の『けいひん』ってどのような言葉から来ているの？」「中京や阪神もどうして『ちゅうきょう』や『はんしん』っていう呼び方をするの？」と名称知識を揺さぶる発問から入ると効果的である。

　「けい(京)って東京の京ではないの？」「ひん(浜)って横浜の浜かな？」と,予想が飛び出したら言語活動も豊かになる。

　ひととおり,名称が確認できた後で「どうして工業地帯や工業地域の多くが,太平洋ベルトに集まっているの？」を発問すれば,自然な流れとなる。もちろん,その前に自動車産業について学んでいるので,大手の自動車会社の本社の場所を地図上で確認しながら問いかけても面白い。

　第二の言語化しやすい方法が提示されているかであるが,教室に日本地図が掲示されていれば言語化しやすい。地図帳だけで授業を進めないで,掛地図やデジタル黒板を使い,日本地図を準備してほしい。そうすれば,子どもは地図を使って理由を説明するはずである。

　第三に言語活動の結果が単元のねらいに生かせるかであるが,太平洋側に工業の盛んな地域が多いことを学ぶことは指導要領にも明記されている。工業の立地を知ることは,工業の特色を理解する上で欠かせない事柄なのである。

第❷節　統計・地勢・気候の指導

🌐 軽視されている統計学習

　読解力の低下が話題になっている昨今，社会科における統計学習は極めて重要である。統計は確かに数字を中心とした世界で一見無味乾燥である。しかし，その数字が意味する事実や地域の実態が分かってくれば，面白味は倍増するはずである。教科書には農業や工業生産のグラフや表が，『地図帳』にも「都道府県別の統計」等の資料が掲載されている。特に『地図帳』に載っている統計表は，自県の面積や人口が全国の中で何番目なのか，特色ある産業は何かなど，ひと目で分かる内容となっている。項目の上位の色を変えるなどして表記しているので，数値の高い都道府県も判別しやすい。「一人当たりの電気使用量」や，「1日一人当たりのごみの排出量」などの数値も県別に掲載されていて実に興味深い。クラスで「都道府県ランキング大会」などと称して，国土，産業，くらしの3部門でランキング表をつくってはどうだろうか。「国土」部門では，面積では何といっても第1位の北海道があげられるが，人口では東京都が大きい。「産業」部門では，米の生産や野菜，果実，畜産などを合わせた農業の側面と，鉄鋼・機械・化学・食料品などの工業生産の側面などで，どの県のどのような産業が盛んなのか比較させたい。「くらし」部門は，自然に恵まれた県はどこか，という視点であげさせてはどうだろうか（自然林や公園の面積が判断材料となる）。

　統計資料の前に載っている都道府県の図（土地利用などがわかる地図）も参照させると，統計の裏づけができる。例えば，鉄鋼や機械の数字が第1位である愛知県を地図で探すと，自動車を示す工業製品の記号が複数見つかり，それは，愛知県豊田市のあたりにその記号が多い，というように数字の背景を地図帳で確認させる指導も欠かせない。

　地球儀の活用と統計表をリンクさせる学習も展開できる。国別の統計が『地図帳』に掲載されているので，主な国々の面積・人口等と日本との貿易

統計を確認することもできる。天然ガスや石油が，どの国からどれくらいの金額で輸入されているのか，どの国にどれくらいの金額の自動車が輸出されているのかが分かる。世界規模で地球儀を活用することで，輸出輸入の実態をあわせて理解させることもできる。統計数字を，単に数字の世界に閉じ込めないで，地図や地球儀と照合させつつ，現実の世界を数字で映し出して教えるのである。

🌐 地勢と気候は「美しい国」づくりの基本

　「美しい国」日本の姿は，地勢と気候から成り立つといっていい。細やかな地形，温暖多雨・寒冷多雪で四季がはっきりしている日本の気候は，わが国の大きな魅力の一つである。明治の地理学者である志賀重昂（しがしげたか・1863〜1927）が著した『日本風景論』でも讃えられたように，名山や美しい湖沼，穏やかな湾や瀬戸内の島々など日本人として是非知っていて欲しい国土の名称は教えておきたい。地図帳には，国立公園や国定公園名も表記されているので，それをまず手がかりに子どもに抜き出させてもいい。どの山脈や湖がどの国立公園内にあるのか，「国土の環境を守る」単元にぴったりの学習になるだろう。

　地図帳に資料図として載っているが，気温や降水量，積雪量などの統計地図も学習させたい内容である。日本列島が，本州西部はほぼ緯度に沿って東西に横たわり，南西諸島と東北日本が南北に立ち上がっている姿に注目させたい。日本列島の形こそ，日本の気候の特色を生み出しているからである。

　また，日本の気候は季節風が一つのキーワードとなるため，雪や台風などの気象の簡単なメカニズムも教えていく必要がある。冬期，大雪の決め手となるのは，日本海の形にある。日本海が菱形になっているため，雪雲の発達がウラジオストク—上越市間で日本海を渡る距離が最も長くなるため，発達しやすいのである。

　指導上のアイデアの一つであるが，地図上で日本海に直線を3本（札幌市—大陸の海岸，上越市—ウラジオストク，福岡市—プサン）引かせて考えさ

せると雪雲の発達の様子が分かりやすい。新潟県（積雪日本一といわれる津南町がある）が，豪雪県である訳を地図作業で分からせることができる。

　また，台風の進路と日本列島の位置についても扱いたい。日本列島は大陸の東岸に位置するため，台風の進路にちょうど重なるのである。このことに関連して，簡単でもよいので季節風がどうして起きるのかを理解するためには，必ず地球儀を活用するようにしたい。地図＆地球儀活用の大切さが，ここにも表れるだろう。

　国土の自然の様子を学び合いの中から扱うことも面白い。例えば，地図帳を使って「美しい日本の風景選定コンテスト」を立ち上げ，班ごとに選んだ日本一の風景を選出してはどうだろうか。分析する着眼点として，選んだ場所が国立や国定公園内にあるか，地図のどの位置から見た風景が綺麗と想像できるか，日本の四季が感じられる場所か，有名な観光地はあるか，などを提示するようにして探させ，班ごとに推薦風景を選出して競わせるのである。図書館に行けば，日本の自然を扱った写真集が見つかる。その写真に載っている場所を地図帳で確認し，何が美しさを支える要素であるかを，地図の上から分析して発表させるのである。「わたしは，やはり富士山が一番だと思います。なぜかと言うと標高が3,776メートルと最も高く，裾野がなだらかで，綺麗な雪を山頂に抱いているからです。見ていて気持ちがすっきりします。」「わたしたちの班では，沖縄県の石垣島にある川平湾の風景が一番だと思いました。地図帳で探してもくわしく分からなかったのでインターネットで調べました。赤土が湾に流れ込みにくいから，サンゴの海がエメラルド色の美しさを保てたそうです。」「最近，世界自然遺産になった東京都小笠原の島々が綺麗だと思います。」などのお気に入りの風景があげられ，コンテストは盛り上がるだろう。もちろん，地図から風景を想像させる学びを繰り返し行うことで，地図を好きになるのである。

第3節 地図帳で日本の国土や7地方を調べよう

　5年の国土単元では，国土の自然の様子や世界地図の中で見た日本列島の特色，世界の三大洋や六大陸などを扱い，広い視野から国土の様子をつかませようとしている。地図帳を使用する重要な場面の一つであり，自然と人間活動とのかかわりに気付かされる大事な単元である。また，小学校では7地方区分はあまり扱わないが，国土が4つの大きな島から成り立っていることと地方名との混同をさける意味でも地方名は触れた方がよい。北海道や四国を，島の名前としてだけでなく，地方名としても同一であることに触れたい。ここでは，国土の様子を教える際に，地方ごとの地図を活用させる指導の工夫について解説してみたい。

写真18　熱心に地図帳をながめる児童。

🌐 色彩で地方をみる

　掲載されている各地方の地図を用い，国土の学習を深めていく場合，この図幅で生徒の視覚に最も印象的に残るのは，色彩ではないだろうか。とりわけ，黄色の市街地，緑系の田や畑，茶畑，茶色系の森林・その他の表記は判読しやすい。この3色を使い，選んだ地方の上にトレーシングペーパーをかけて，着色されている範囲をおおまかに囲む作業を課してみる。まず，「河

川と高さの色分けを抜き出す」とよい。おおまかには，平野と山地，つまり茶系と緑系に着目させて土地を二分させ，最後に黄色の市街地を画定させれば効果的である。茶色系の部分から河川が流れ出し，緑系につながっている，緑系の色の中に黄色が塗られていることに気付くはずである。さらに，幹線道路や鉄道が緑系を貫き，必ず黄色の部分に県庁所在都市や中核都市が立地し，鉄道主要駅があることが分かればねらいは達成できる。色彩は地形や植生，土地利用のイメージ形成にぴったりであり，地方の地理的特色をおおまかにつかませる上でも重視したい指導のポイントである。

🌐 都市の記号を見つけさせる

次に指示したい作業は，都市の記号（回や◎）を見つけ，抜き出すことである。日本では，太平洋岸に規模の大きな都市が並んでいる。人が多く住むには，食べ物を得るための農地が得やすい平野や盆地が必要であること，そこに街がつくられ，交通が整備されることをきちんと順を追って解説することが大事であろう。子どもの中には「交通が発達しているから都市が立地している」と間違った理解をしている例があるからだ。もちろん，明治以降発展した比較的新しい開発による都市にはそういった側面も見られるが，多くは人の定住が先で交通網の整備はその後に生じてくる。都市の記号をぬき出したら，日本の市と人口を表示した一覧表を開かせ，人口を正確につかませる指導が欠かせない。どの都市に人口が多いのかを確実に把握させて欲しい。また歴史地名・歴史的な事項にも着目させたい。

🌐 産業記号の扱い方

統計調べと相俟って，地図帳にはさまざまな産業に関する記号が掲載されている。その中で，日本の産業を理解する上で重要な記号が，果樹と鉄鋼・自動車である。果樹の記号では，自然環境に応じた農業の事例として東のりんご，西のみかんに代表される分布に気づかせたい。子どもにも人気のフルーツなので，文字通り食いつきやすい。りんごは気温が，みかんは日照量が関係している。どの県にこれらの記号が多いのか，地図帳を手分けして探

させるだけで分布の傾向が分かってくる。この延長で、さくらんぼやメロンも扱うとよいだろう。

一方、鉄鋼・自動車の産物記号は、主要な港湾や近くの工業地域に分布していて興味深い。鉄鋼は製品に重量があるので港湾に面しているが、自動車は、少し海岸から離れた場所にも記号が見つかる。地図帳で数えてみると主要な自動車生産工場の記号が多く見つかるだろう。周辺には必ず、鉄鋼や発電所の記号もセットで見つかるはずである。このように、産業に関する記号探しで国土の産業理解が一層進み、広い視野と産業への現実感が得られるのでおすすめしたい指導である。

トレーシングペーパーを用い、地図で農林水産業の記号や工業の記号、生活にかかわる記号、その他の記号を抜き出す作業は、単純だが奥深い。この作業は、一人でやると時間がかかるため、班で手分けして見つけさせたい。「農林水産業の記号があるところは県のどこですか？ それはどんな記号ですか？」と各人から報告させれば、協同の学びに発展する。○○盆地にリンゴや梨の記号が見つかり、「どうして○○盆地では果物栽培が盛んなのだろうか？」「同じ盆地でもこの盆地では果樹栽培が盛んではないのに？」と、その生産や流通にまつわる類推が可能になるからだ。つまり、その地方の地形や人口、交通、歴史などの先行知識を駆使して産業立地のわけを読み解く手がかりが、産業記号の見つけ作業の中に隠されている。さらに「テーマごとの地図を重ねてみよう」といった指示は、地理学でいうレイヤー（層）を重ねて地域性を考察する手法である。「重ね合わせることでみえてきたこと」の表記にあるように、地理的特色を言葉で表記させてつかませて欲しい。

第4節　地図を活用し自動車工業の立地をさぐる産業学習

🌐 自動車工業の条件を教える

自動車工業や重化学工業、機械工業などは、製品の輸送に便利な沿岸域に

立地している。

　自動車工業は，その材料からも分かるように製鉄所が近くに必要であり，製鉄所は，鉄鉱石とコークスの輸送に便利な沿岸域での立地が不可欠である。また，製造過程で多くの電力や水も必要なので火力や原子力発電所，河川が近隣に存在することも必要である。もちろん，安価で優秀な労働者を多数確保できる都市域周辺であることも大事である。でき上がった完成車を船で輸送し，トラックで運ぶためにも港湾や高速道路が必要であり，これらを総じて沿岸域に自動車工業は立地する。このような自動車工業の立地を次のように教えてはいかがだろうか。

● 太平洋ベルトを扱う

　自動車工業の立地を考える一つのキーワードは，太平洋ベルトである。京浜工業地帯から東海地方を通り，瀬戸内海から北部九州まで伸びる工業の集積地として呼ばれている。「太平洋ベルトと呼ばれていますが，すべてが太平洋に面していないのでは？瀬戸内海沿いにもベルトは広がっていませんか？正しくは太平洋瀬戸内ベルトになるのでは」と切り出し，地図帳を丁寧に確認させる必要がある（実際には，当初，京浜と中京の工業地帯を呼んでいた名称が，その後の国土計画の審議の中で延伸されて用いられるようになった）。太平洋ベルトのラインを示す2本のラインを指でなぞらせ，実際の日本列島と比べさせるのである。トヨタや日産，マツダなど主要な自動車メーカーの本社は，いずれもベルトの中に入っている。

● 図解型板書で自動車工業のしくみを整理

　大きな△（三角形）の図解で，製造のしくみを教えることを考えたい。△の下部には，協力工場という文字を書く。△の底辺の頂角には，「部品3万点」と「協力工場」という二つのキーワードを書き，△の上の頂点には自動車マークを描く。そうすることで，多くの協力工場のおかげで，自動車が生産できている日本の自動車工業の構造を理解させることができる。

5章　高学年での活用例—中学校の社会科へつなぐために—

🌐 阪神工業地帯・京浜工業地帯 VS 中京工業地帯

　工業地帯のあゆみを探ってみることも面白い。かつて、名古屋工業地帯と呼ばれていた愛知周辺の工業地帯は、三重県や岐阜県の一部も含んで、今日では中京工業地帯と呼ばれる日本一の工業生産額の地帯に発展している。大学の図書館で見つけた、昭和40年代の社会科教科書の挿絵地図（図12参照）を見ればそのことは一目瞭然である。この姿と現在の姿を比較させると、阪神工業地帯と京浜工業地帯が、その地位（生産額のわりあい）を中京工業地帯に譲ってしまった事実が分かる。かつて、四大工業地帯と呼ばれていた北九州工業地帯の存在にも気付かせながら、日本の工業立地が太平洋側に偏っていること、京浜から北九州市までだった時代から、関東内陸や北部九州までのエリアに工業地帯や地域が拡大しつつあることなどをつかませる。教育学部のある大学図書館には、古い教科書が保管されており、これを教材開発に活用するのである。

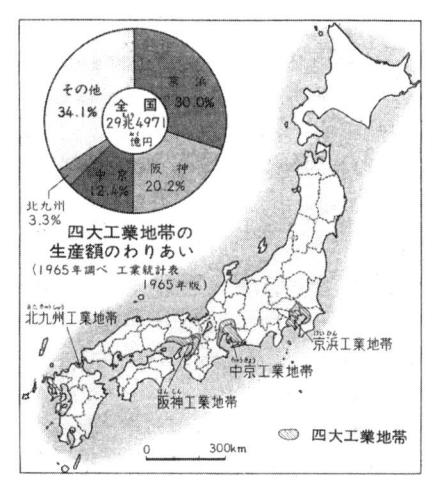

図12　昭和42年検定の小学校社会科教科書5下に掲載された四大工業地帯の図（教育出版刊）

🌐 中学校でも地図帳を好きにさせる指導を

　小学校で使った地図帳と比べ、中学で使う地図帳は、量的にも質的にも大きく違っているが、それを格段に難しいという印象を生徒に持たせてしまってはいけない。写真や絵図、模式図、断面図、鳥瞰図など、多種多様の地図も挿入されているので、生徒がどの地図に興味を抱いているかを把握しながら、段階的に都道府県が載っている各地方別の地図を読み取らせたい。その際、おすすめしたいのが、筆者が現場の教師と開発した「未来日記」という

手法である。例えば，自県以外の県を学ぶ際，「あなたは20年後，○○県で仕事を見つけてくらしています。どのような仕事に就いて，どの町に住み，どんな人と結婚して，家族を持っているのか，通勤経路や週末に行くレジャーの行き先などもイメージした未来日記を書きなさい。」と指示するだけで生徒は"ノリ"を示してくる。結婚や家族などをリアルに想像させることも指導上の工夫である。ノート1ページ程度の画用紙に，略地図も入れてカラフルにイラスト入りで書いてもらう。

例えば，「わたしは韓国との貿易会社に勤務し，福岡市の少し南にある春日市に優しい夫と住みます。近くに大宰府もあり，歴史好きの私にとって興味があるからです。週末には，ドライブも兼ねて佐賀県の吉野ヶ里遺跡を家族で訪ねます。」などと発表させるのである。この手法は，外国ぐらしをイメージさせる場合にも応用できるので国調べの学習方法としても適しているだろう。

第5節 地図で教える5年「くらしを支える工業と情報」の学習

🌐 自動車の製品記号を探そう！

何といっても，日本を代表する工業製品は自動車である。世界中で人気のある日本車の生産を教材としながら，地図活用を広げていくとよい。そのための指導の工夫として，「自動車工業の分布」を地図上でおおまかに知る学習が重要である。自動車は，1台に約3万個の部品から成り立っていると教科書に記されてあるため，どうしても工場は大きくなり，広い敷地が必要になる。この事実を切り口にして，「3万個も部品が必要な自動車は，どこでどのようにつくられているか？」を追究課題として設定する。

「どこで」を解明するために，冒頭で自動車の車体に着目させる。車体は鉄でできているので，製鉄所が近くにあった方が生産に便利であること，さらにつくられた自動車は，国内だけでなく海外にも輸出されているので，輸

送に便利な幹線道路と港湾が付近に必要になるのではと予想させる。

そのほか，カーエアコンやカーステレオ，カーナビなどの附属設備の生産施設も，関連工場との密接な関係を保てる，ほどよい範囲に集まっていること，多くの部品を扱い，複雑な工程で生産するために多くの従業員を確保できる都市に近い場所に建設されることが多いこと，などを条件として気づかせたいものである。

「これから，自動車工場探しを地図帳で始めます。主な自動車工場は何県のどの辺りにあるか探してください。」と指示し，日本全国にわたり地図帳を分担して調べるように促す。特に，自動車の製品記号を地図帳で探すよう促す。

これらの活動を通して，地図帳で工場の近くにある製鉄所や港湾，発電所などの記号も見つかるので，自動車工業を支える産業や社会資本についても理解できるようになる。

🌐 ほかの工業とその広がり

一通り自動車工場の分布が扱えたら，ほかの工業製品に着目させる。教室のテレビやパソコンから機械や金属工業に，教師が着ている服から繊維工業に，給食で扱う食品から食料品工業へ，保健室にある薬品から化学工業を想起させて着目する工業の種類を増やしていく。その後で，工業地帯と工業地域が描かれた地図を参照させるとさらに効果的である。少し複雑になるので丁寧に図を読ませるため，「この地図を見て分かることとたずねたいことをあげなさい。」と発問する。

すると「IC工場を除いて，海の近くに主な工業は集まっている。それはどうして？」「海からはなれた場所にも工場が集まるところができている。」「工業を支える原料やエネルギー資源はどうやって輸入しているのか？」などの発問が予想され，それが発展的な追究テーマになってくる。ここでも，工業を支える運輸や貿易がいかに大切な働きをしているか，地図が示してくれる。

🌐 見えない情報を地図で見る

　工業に比べて，製品の生産や流通がない放送局や新聞社などの情報産業では，つい地図や地球儀などの活用が少なくなりがちである。しかし，ここでも工夫次第で地図＆地球儀が活躍する。

　例えば，放送局の仕事は，正確な情報をいかに早く分かりやすく伝えるかがポイントとなる。この事例として台風とスポーツの二つを扱う。

　「主な台風の経路」の例を持ち出しながら「台風の位置や進路をいち早く正確に知るためにはどんな工夫があるのでしょうか？」と発問する。本土から何百キロ～千キロ以上離れた台風の位置を割り出すために，衛星画像を気象庁が受信し，各放送局に配信していること，南大東島などの離島や室戸岬などに置かれた気象観測データも，通信によって瞬時にやりとりしている事実を，地図があれば臨場感を持たせて扱うことができる。

　具体的には「日本の南西諸島を見わたす地図」や，放送局が載っている「東京都の中心部」などを活用して，児童による台風実況中継を寸劇でのような形式でセリフをしゃべらせてみることをおすすめしたい。

　宮里千里著『沖縄時間がゆったりと流れる島』（光文社新書）によれば，沖縄の子どもたちや県民は，台風接近をわくわくした思いで迎えているようである。いわば台風文化とも呼べる感覚が沖縄にはあるらしい。地図帳を前にしながら，4人がグループになり，一人が南大東島の気象台職員役，一人が本土にある気象庁職員，一人が東京の放送局報道センター部署の職員，一人が地元沖縄放送局のアナウンサーの役で台風の接近を報道し，それらの情報を受け取る場面を寸劇で再現してほしい。

　台風の位置情報が東経と北緯で示されること，日本海流（黒潮）や暖かい海が台風を成長させていること，風雨で農業や運輸業に被害が生じること，小学校が臨時休校になることなどをセリフの中に入れられれば，情報がくらしや安全を支えていることがよく分かる学習になる。

　加えて，放送の仕事は情報の伝達網がしっかり確立していることが重要で

あることにも気づかせてほしい。

　放送は，地球儀と絡めて扱うことも大切である。例えば，海外のスポーツ大会がどうして自分たちが寝ている深夜や早朝に開催されるのか，海外から日本に来ている外国出身の選手たちの家族は，どのようにしてその活躍を知ることができるのかなど，海外向けのテレビ放送配信の苦労と，役割の大きさなどは丸い地球儀なくしては理解されにくいだろう。

第6節　高学年の地図指導は「広がり」と「人物の動き」で見えてくる

🌐 5・6年生の社会科指導は地図を中心にすることが鍵

　5・6年生の地図指導は，社会科学習の成否を決めるくらいに重要である。学習指導要領でも，繰り返し地図帳や地球儀の活用がうたわれている。日本の食料生産や工業生産，環境や情報単元，歴史や国際理解単元のいずれでも地図の活用が鍵を握っている。もちろん，教材としての主役は米であったり自動車だったり，源頼朝や外国の文化だったりするわけだが，主役を引き立たせる脇役として地図は抜群の効力を発揮する。物事の「どこで」は，同時に「なぜ」や「どのように」を類推できる鍵ともなるからだ。教科書の中の記述を地図で確かめるだけでも，事物・事象の背景やリアリティがはっきりしてくる。

　前述したように5年の自動車産業の学習では，主要な自動車生産工場の場所を押さえるため，「名古屋市とそのまわりのくわしい地図」のページを開かせ，自動車の絵記号を地図帳の中から探させてみた。子どもたちは，自動車積み出し港が近くにあること，製鉄所や発電所の地図記号も近くに見つかること，部品や完成車の輸送に便利な道路が整備されていること，ある程度人口規模が大きくて働く人が多く住んでいることなどを読み取っていた。

　つまり，「どのような条件がそろうと自動車生産が盛んになるのか」を考えることができるわけである。5年生の社会科は，産業学習が主な内容とな

るが，地図帳を使って生産が盛んになる条件を考えると，児童の頭の中にもいわば「学習の認知地図」ができ，知識が構造化してくる。思考力が伸びる場面である。

同様に，6年生の歴史学習でノルマントン号事件を教科書で扱う際に，事件が起きた和歌山県太地の沖合を地図で確認することによって，イギリス人たちが裁判で軽い罰を受けただけで済んでしまった事実がより実感されるだろう。リアリティが子どもたちにも理解できれば，当時，世論からの強い批判を受けて国が不平等条約改正に向けて大きく動き出した経緯が分かるようになる。つまり，地図は，実際に起こった歴史的事象の真実性を増す働きを果たしてくれるのである。まさに地図を中心にして5・6年生の社会科が展開できる。

⊕ 環境保全は「広がり」で見えてくる

5年生の3学期には，環境の単元が扱われることが多い。学習指導要領では「内容（1）のエ」に「国土の保全などのための森林資源の働き及び自然災害の防止」が項目としてあがっている。森林が国土の環境保全に役立っている側面に気づかせ，地球温暖化と森林の未来，災害防止に努めている国や県の対策や事業について考えさせる学習が期待されている。4年生で扱った，飲料水の水源を涵養する森林の役割だけでなく，国土や世界に視野を広げて，森林がCO_2を吸収して温暖化を防いだり，がけ崩れを防止したり，生物のすみ家となったり，森林浴の場などとして活用できたりするなど，多様な役割に気づかせる内容となる。

実際の学習では，いきなり日本全国の森林に目を向ける扱い方では，児童の興味・関心は深まらないだろう。まずは，身近（自県）にある森林を取り上げ，児童も知っている川の上流を地図で辿っていく，身近（自県）な森林（山地）面積の数字と，平野の面積の数字を比べて確認させたり，国立公園や国定公園の存在が地域の環境保全に貢献していることや，酸性雨などによって県の森林が被害を受けていれば，それは地球環境問題とも密接な関係がある

ことなどを扱うようにすると効果的である。これらの指導には，どうしても地図帳や地球儀の活用が不可欠である。県の白地図があれば，森林が広がっている山地のエリアを緑色で塗ったり，同じような森林が国土全体にも広がり，国土に占める森林の割合を調べたりするなど，地図で「広がり」を常に意識させるように指導すれば，我が国の国土に広がる森林の価値に気づかせることができる。もちろん，世界自然遺産や国の天然記念物など，保全されるべき生き物を登場させると児童の興味はさらに高まるだろう。

🌐 6年生は「人物の動き」で見えてくる

6年生で扱われる日本の歴史には，いろいろな人物が登場してくる。学習指導要領で示された卑弥呼から野口英世までの42名の人物だけでなく，歴史的なできごとに関与した人物など数多い。地図帳が歴史学習でも活用されるためには，前述したように歴史的事象の起こった場所を地図で確認するだけでなく，歴史上の人物の動きを地図で確かめる指導が効果的である。

例えば，平氏との戦いで大きな働きをした源義経の動きを，地図で追っていくことができれば，平氏の滅亡から鎌倉幕府へと上手くつなげていける。ザビエルやペリーの動いたルートを地図帳で確かめれば，当時の外国と日本

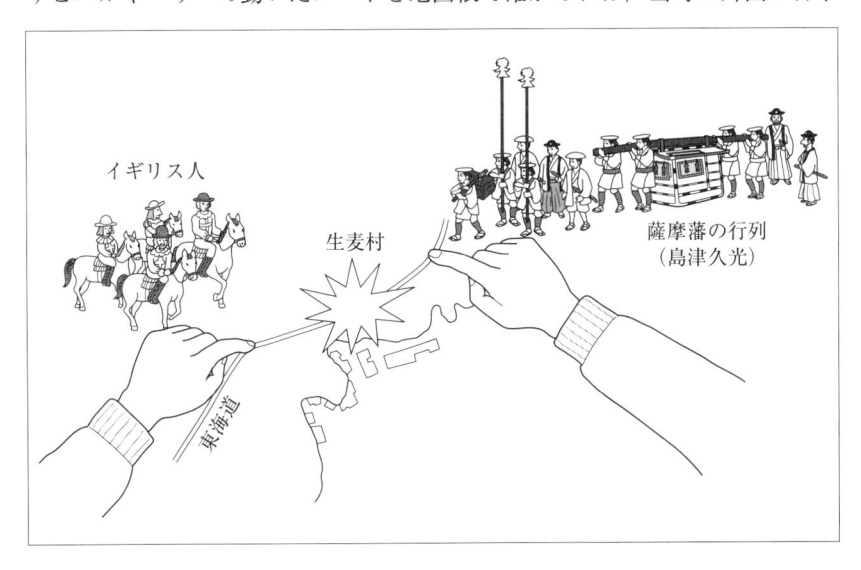

との関係も見えてくるだろう。西郷隆盛や大久保利通についても，彼らの動きを地図で確かめることで，明治維新そのものを語ってくれるから面白い。

　薩摩と英国（イギリス）の戦いのきっかけとなった生麦事件を扱う際も，人物の動きに着目すれば事件が地図上で再現できる。地図帳には，事件が起きた場所が青色の枠で記されている。例えば，「この事件は，開港したばかりの横浜に来ていたイギリス人たちが，週末に乗馬で郊外に出かけた際に起きたものです。左手の人さし指を馬に乗ったイギリス人たちと思うようにして下さい。」と指示する。次に，右手の人差し指を，地図上でかつて江戸幕府のあったあたりに置かせて，「この指を薩摩藩の大名行列と思うようにしなさい。」と指示する。そして，両手の人差し指をゆっくり国道1号線（旧東海道）に沿って動かし，生麦事件の場所でぶつけるように促すのである。この事件は，明治維新という時代の歯車が回転し始めるきっかけになった事件でもある。

🌐 思考ツールで考えよう

　学習内容が，頭の中で樹形図やピラミッド型，階段図，二項対立図などといった構造図（思考を促すツール）の形で，イメージできれば思考力がアップする。国土の様子や日本の歴史の学習場面でも，自然と人間生活との関係を学んだり，歴史上の登場人物の人間ドラマに焦点を当てたりするにせよ，それらの舞台となる場が，頭の中で構造図としてイメージできれば思考は深まる。筆者は，小学校教師との共著『図解型板書で社会科授業』（黎明書房）という書籍の中で，丸や三角，矢印などで板書をまとめる図解指導の効力について具体的に解説したが，よく考えてみれば地図も図の一種である。略地図を黒板に描き，その中に習得すべき学習内容を位置づけることができれば，社会認識が深まるだろう。図解型で考える習慣を養えれば，社会科の学習指導で大事にしてきた事実認識から，意味認識への思考法が一層確かな学力として身に付くに違いない。

　略地図を取り入れて図解で板書を試みた案を一例紹介したい。次の図は，

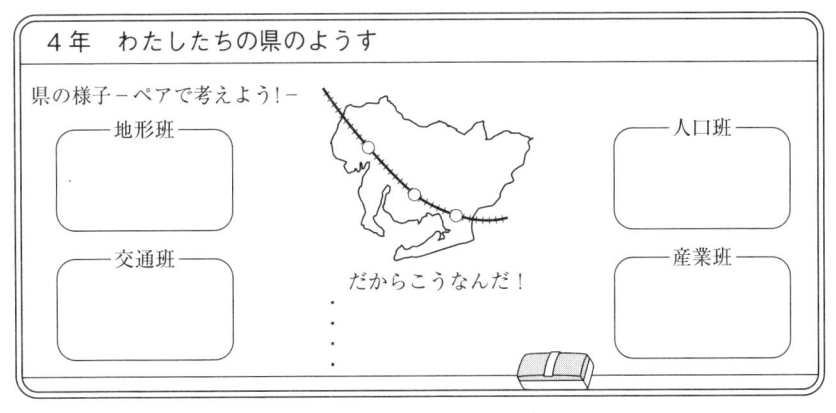

```
┌─────────────────────────────────────────────────┐
│  4年　わたしたちの県のようす                     │
│                                                 │
│ 県の様子―ペアで考えよう！―                      │
│   ┌─地形班─┐      ╱╲╲        ┌─人口班─┐      │
│   │        │    ╱    ╲╲       │        │      │
│   │        │   ╱  ○   ╲╲      │        │      │
│   │        │  ╱    ○    ╲     │        │      │
│   └────────┘       ○            └────────┘      │
│   ┌─交通班─┐  だからこうなんだ！ ┌─産業班─┐    │
│   │        │       ︙            │        │    │
│   │        │       ︙            │        │    │
│   │        │                     │        │    │
│   └────────┘            ▭        └────────┘    │
└─────────────────────────────────────────────────┘
```

図13　図解でまとめる板書例

　愛知県の略図を中心に置いて，県の様子を教える際に活用するという案である。真ん中に県の略地図を描き，四隅に県の様子を示す要素を配置した。社会科の思考力を高めるには，このような図解思考が最も効果的である。地図思考を核にしつつ，グラフや表，写真，画像，絵図など多岐にわたる資料読解力と，学習者自らが頭の中でそれらの資料読解後に図的に思考し，再び構成できたときに高い水準の社会認識に到達できる。

🌐 歴史の舞台は地図で分かる

　第6学年になると，地図帳をほとんど使わない教師がいる。社会科の主な学習内容が「日本の歴史」になるためである。主に1, 2学期をかけて歴史の学習が展開され，3学期になって，ようやく政治単元や日本とつながりの深い外国の学習が始まる。それまでは，しばらく地図帳を使用していないため，つながりの深い外国が登場してきても，地図帳や地球儀で確認する手間を怠り，単に外国の遊びや料理，挨拶言葉などを取り上げて，外国文化の授業で済ませてしまっている例がみられる。社会科を得意としない教師が，しばしば陥る指導の落とし穴といえそうである。

　しかし，歴史の学習においても，つながりの深い外国の学習場面でも地図帳や地球儀は多用できる。歴史的事象が起きた場所を地図上で確認するだけ

でも，歴史的事象にリアリティ（現実感）が得られる。また，日本とつながりの深い外国を地図帳で緯度や面積，おおまかな地形などの点から対比してみるだけでもその国を理解する基礎ができる。

　歴史に限ってさらに考察してみよう。例えば吉野ヶ里遺跡を地図で探して，邪馬台国の場所ではないかと想像したり，関が原の戦いの場所を地図帳で調べたり，ノルマントン号事件が起きた和歌山県の海岸を見つけたりする作業は，歴史を昔の物語として漠然と捉えがちな見方から，その場所で歴史的な事実・事象が現実に起きたこととして捉え直し，さらに自分に引き寄せて感じることのできる効果がある。過去の風景が，リアルに想像できる喜びとでも言えるかもしれない。それほどに地図は歴史の舞台を支える土台になるのである。

　気をつけなければならないのは，学校で教科書として使われている『地図帳』は，あくまで現代の事物事象がさまざまな記号や色で表現されていて，過去の姿をダイレクトには表していないという点である。仮に市街地の中に，歴史的な事実が起きた場所が，目立つ色や文字で印字されていたとしても現代の事象と必ずしも関連があるわけではない。皇居の近くに「江戸幕府」という印字が見つかったとしても江戸時代の幕府の建物が残っているわけではない。あくまで江戸城の跡（天守閣の土台や門）が見られるだけである。

　歴史を楽しもうと思ったら，想像や類推が求められる。将軍の目になって天守閣から江戸の下町を眺めてみたら，どんな景色が見えただろうか。四ツ谷や赤坂見附にはどんな城下が広がっていたのだろうか，遠くに見える東海道の品川宿の様子はどうだったのか，もっと遠くにある英国人が殺害された生麦事件の場所は，などと想像するだけでも楽しい。しかし，残念ながら地図帳だけではイメージできない。その際には，江戸時代の絵図や明治になって作成された古い東京の地図，古い写真や絵葉書を補足資料として用い，類推するほかはないのである。最近では『〇〇市今昔写真集』といった書物やや古地図，明治大正期の観光絵葉書などが書店で販売されている。是非，参

照したいものである。

「今はこんなに都市化した市街地だけど，あの場所であの事件が起こったのか！」と想像するだけでよい。参勤交代の学習で，大名行列は江戸までの道のり全行程何キロを移動したのか，地図帳からおおよそは割り出せる。300人の行列が1泊あたりいくら使うのかが分かれば，費用計算もでき，さらに学習の深みを与えてくれる。東京や名古屋，大阪などの周辺を示した拡大図は埋立地や鉄道など市街地が広がり，現代の地図からは，江戸時代の様子を想像しにくいが，どこが昔の海岸線だったのか，どの町が江戸時代にはあったのかさえわかれば，鉄道や道路，埋立地などを省いて江戸時代のトレース地図が作成できる。

このように地図を使った類推学習を通して，過去の景観を復元し，時代的な背景や史実の意味を考える歴史授業は，子どもたちの想像力を刺激するだろう。

🌐 日本とつながりの深い国の学習

中国やアメリカ，フランスや，韓国など，日本とつながりの深い国を1か国選び，調べて発表する学習が第6学年の3学期に用意されている。初めて社会科で扱う本格的な世界の学習である。しかし，前述したように外国の位置を地図帳や掛地図，地球儀で確認もしないで進める授業が意外と多い。子どものメンタルマップを形成させる，貴重なきっかけとなるのに軽視されている。大人である教師にとっては，アメリカや中国の位置や広さ，日本からの距離などは自明のことであろうが，子どもにとっては初めての学習内容である。せめて，子どもの住む町の近くの国際線のある空港から飛行機で飛び立ち，外国に降り立つといった「指旅行」を指導して欲しい。指先に感じる距離や，外国の国際空港に降り立つ図上旅行の気分で，その国までの距離が分かり，首都名やその国の広さが分かるメリットがあるからだ。

地図帳には，その国にゆかりのある産業や人物，史跡などの絵記号も掲載されているのでイメージ形成にはもってこいである。巻末の統計には外国か

らの貿易品も列記されているから、『地図帳』だけでも立派な調べ学習が可能である。

外国旅行の経験がある子どもや教員から、写真や土産物を借りて教室に、外国物産展覧コーナーを設けることも考えられるだろう。教室の壁に外国調べのポスターを貼り、ポスターセッションで発表会を催すことも可能だろう。外国の新年の行事や結婚式なども調べれば、国際理解のよい機会になる。その際にも、必ず地図＆地球儀を重視し、どの国のどの市、地方で見られる事か、できる限り具体的に扱うことが肝心である。

第7節 中学校へつなぐ指導－地理的分野「アメリカ合衆国」の学習－

かつてNHKで放送された、「大草原の小さな家」というアメリカのテレビドラマがある。このドラマの主人公、ローラ・インガルス一家の開拓物語の舞台にもなった中西部の州、ミネソタ州をご存じだろうか。広大な小麦やトウモロコシ畑が展開し、ミシシッピー川がゆったりと州内を流れている。アメリカの心が詰まったハート・ランドとよばれる地区であるが、ポストイットなどを開発した3M社や、映画製作など最先端の産業も盛んな双子都市（ツインシティ）もある。地図帳は、例えて言うならば、地球という球体の表面に貼られた布地に人間が織り成した絵柄や模様がいっぱい詰まった服飾辞典のようにも見える。単に、「何がどこにあるのか」（位置）を引き出すだけの字引ではない。自然を克服し、人間同士の交流や争いの結果、地球という大きな布地にそれぞれの国や地域の「生活文化」という絵柄が生き生きと印刷された辞典なのである。

とりわけ世界の国や日本国内の姿が載っている一般図が、服の生地とするならば、主題図は生地に印刷されたり、織り込まれたりしたお国柄が主張する個性的な色や形であり、資料図こそが、実は地図帳を面白く読み取る上で大切であることに気がつく。主題図を充分に読み取れずに使っていても、服

飾辞典を面白く読めるわけがない。個性的な色や形をしている絵柄だからこそ，じっくりとその絵柄に込められた由来や，現状に至る過程を一種の物語（ストーリー）を想定しながら，読み取らせるよう指導する必要がある。

🌐 アメリカ合衆国を移民の目でよむ

　中学校の，社会科地理的分野教科書や，地図帳に掲載されているアメリカ合衆国に関する記述内容や地図からは，比較的分かりやすいストーリーが設定できる。それは「人々のアメリカン・ドリーム」というストーリーである。「アメリカという国はどのような国であるか，ある程度は皆さん知っているでしょう？」「世界の超大国で文化の面でも身近に感じる国だよね。」「アメリカ合衆国について分かるようになるためのキーワードは，夢（アメリカンドリーム）です。」と切り出して授業を始めてはいかがであろうか。夢の実現に向けて多くの人々が新大陸に渡り，現在でもアメリカ合衆国の絵柄を織り続けているからである。教科書や地図帳には，ストーリーを組み立てる材料となる図や表，絵，写真などが多数掲載されている。アメリカン・ドリーム物語で，まず最初に取り上げて欲しい資料は，建国の歴史である。アメリカ合衆国の成立と移民を解説した内容や図，その歴史に注目させたい。

　建国の歴史を調べてみれば，「1584年　イギリスが移民開始」「1776年　独立宣言」「1869年　大陸横断鉄道開通」などがあり，長く見ても420年ほどの間に発展してきた国であることが分かってくる。だからこそ，「新大陸への夢を抱いた人々による開拓と発展」というストーリー立てが，この国を理解する上で重要であることを強調して欲しい。「移民」はアメリカ合衆国の過去と現在をつなぐもう一つのキーワードであり，ヨーロッパやアフリカからの移民や移動のルートが地図帳にも示されている。しかも，日本からも多くの移住者がいることが，移民の内訳を示した統計グラフなどから分かる。

　必ず，人差し指で移民が渡ってきたルートを辿る作業を一般図で生徒たちに指導しておきたい。そうすれば，指先から移民の立場でアメリカを見つめる目ができる。

移民の人々の多くは,「夢」を抱いてアメリカ合衆国に渡ったことだろう。地図帳を使って,アフリカ系とヒスパニック住民の居住地域を調べる。「夢」を抱いてアメリカ合衆国に渡ってきた,彼らの祖父母や父母が定住していった姿も見えてくる。特に,その重要な窓口がニューヨークであり,ニューヨークの絵図や大きな地図を示し,「エリス島」に着目させて欲しい。この島こそ,夢を抱いて渡ってきた移民たちが,最初に上陸したアメリカ合衆国だからである。東京23区がすっぽりと入ってしまうニューヨークには,中国人街やイタリア人街などのエスニックな街角もあり,多くの人種が暮らすアメリカ合衆国の特徴が見てとれる。ここで働くさまざまな人種が写った,ニューヨークの街角などの写真や絵葉書が提示できれば,一層ストーリーが描き出しやすい。

産業もストーリーで理解する

次に,アメリカ合衆国の発展をどう捉えさせたらよいか。「自然と農業」,「工業」,「日本との結びつき」の三つを柱として学習させるとよい。その中で「自然と農業」では,まさに「大草原の小さな家」でも描かれた農業開拓のストーリーが読み取れる。ハリケーン(台風)やトルネード(竜巻)におびえながら,農家が農地を広げていったことや,年降水量500ミリ以上を示す線を境にして,小麦やとうもろこしなどの栽培が見えてくるという事実などは,複数の要素を重ね合わせることで理解できる。

さらに,日系人も従事したであろう西海岸の農業についても,大規模農家を示す資料が用意されている。現在では大型コンバインや飛行場なども備え,機械化された農業の実態などが地図帳からも読み取れる。もちろん,最初からこのような大規模な農場が成立していたのではないことは明らかである。夢を実現するために,西部や中西部の農業を大規模化していった開拓物語が背景に見えてくる。

鉱工業の分布を示した地図からも,アメリカ合衆国の産業の特徴が読み取れる。主に東部や南部,西海岸に重工業や先端産業が集まっている事実と,

それらの産業を興していったヘンリー・フォードやビルゲイツなどの人物の夢に思いを寄せる。現在では世界の中で占めるシェアが大きく，巨大な企業として成長している姿が，アメリカン・ドリームを実現した物語として描くことができる。

　さらに，地図帳やインターネットで「アメリカ合衆国への日本の工場の進出」や，「日本がアメリカ合衆国から輸入する商品と身近な製品の発祥地」を調べさせると面白い。日米双方の人間にとっても，アメリカ合衆国が夢の実現に重要な舞台を提供してくれる実態が伝わってくる。夢の実現に向けて，日米やあるいは世界中の国々との間で，アメリカン・ドリームが文字通りアメリカ人だけの夢でなく，「アメリカ合衆国にかかわる」という意味での「アメリカン」という言葉が共有されつつあるのではないだろうか。

　つまり，「アメリカン・ドリーム物語」のようなストーリー設定を念頭において，アメリカ合衆国の地誌を指導するか否かの違いではあるが，生徒たちの目に，地図帳が無味乾燥な字引として映るか，それとも魅力的な地球の絵柄が解説された辞典として映るかに分かれるように思われる。このような指導方法は，中国でも有効である。例えば，「成長する華人社会と広がる格差」というストーリーを立てて，郷鎮企業で働く少女が，農村から都会に出て働く物語を念頭にして教えていけば，いろいろな地図や現地のくらしを写した写真が関連づけられて読み取れるだろう。

🌐 **世界地図は辞書的読み取りで面白くなる！**

　中学校の地図帳に掲載された地域別地図には，土地利用，植生をはじめ，都市名や産物，野生動物の絵記号，おもな世界遺産なども載っていて実に楽しい。山脈や湖沼の様子も想像しやすく描かれ，まるで空から見下ろしているかのように見える。しかし，漫然と眺めているだけではもったいない。地図帳に掲載されているアメリカ合衆国の地図をどう読み取らせるか。この地図を使うと様々なことが調べられるという辞書的な読み取りという視点から，指導のアイデアを記してみたい。

アメリカ合衆国の地図を見て，最初に感じるのは「広い国だな〜！」という気づきである。東西約4,500km，南北約2,500kmにもおよぶ国土は数字を聞いただけではよく分からない。そこで，比較のための鏡が必要になる。地図帳の，太平洋上に印刷されている，同緯度・同縮尺の日本を辞書的に使うとよい。「アメリカ合衆国の中には州がいくつありますか？」「州と日本の都道府県の大きさを比べるとどんなことが分かりますか？」と切り出すのである。

生徒からは，「州のほとんどは，日本の都道府県よりかなり大きい。」「日本で一番大きい北海道でも州に比べると小さい。」「緯度ではアメリカ合衆国の多くの州が，日本の都道府県とだいたい同じあたりにある。」など，読み取った発言として出てくるだろう。

🌐 州名の知識を引き出す

ニューヨークやニューイングランド，ニューメキシコ，ニュージャージー，ニューハンプシャーというように，ニューの文字が多いアメリカ合衆国の州名の存在に気づかせる。このことから，新大陸に渡った先人たちがいかに，新しい土地を開拓して国土を広げていったか，アメリカ合衆国の成り立ちと結びつけることができる。例えば，ニューヨークについては，イギリスの地図を開かせ，「ヨークシャー」の地名を引かせることで，移民で成り立つアメリカ合衆国に気付かせることができる。

また，生徒が「その地名は聞いたことがある。」「○○があるからじゃないかな？」と既習知識に訴える方法で刺激することも効果的である。例えば，「オクラホマって，ダンスで有名なオクラホマミキサーのふるさとじゃないかな？」「ジョージアって缶コーヒーの名前で聞いたことがある。」「ケンタッキーはフライドチキンだ！」「カルフォルニアはオレンジだね。」という具合にである。アメリカの地名は，外来語やＣＭで聞いたことがある知識が大半であり，すでに日本社会で使われている言葉になっている。文化や食料を介して日米の結びつきがとても強いことを関連づけると，地名を辞書として使用しつつ，経済・社会的な日米関係をつかませることもできる。

🌐 レリーフで地形を感じる

　地図帳には，アメリカ合衆国の地形が分かりやすいレリーフ表現が採用してある。ここで辞書的に読み取らせたいのは，ロッキー山脈とグレートプレーンズの標高差である。コロラド州のブランカピーク山は，4,000mを超え，富士山よりも高いこと。カンザス州などのグレートプレーンズに下ってくると，標高が500m以下に下がることなどに気づかせたい。さらに，カナダから続くロッキー山脈の長さも要注意である。日本列島の長さを優に超える，長大な壁のように立ちはだかっている。「日本の屋根」である飛驒・木曾・赤石山脈と比べさせると，そのスケールの違いが歴然としてくる。

🌐 大都市の列に驚く

　ニューヨークを中心に，人口50～100万人以上の都市の記号の凡例を辞書的に引かせて探させよう。すると，北はボストンから始まり，ニューヨーク，フィラデルフィア，ボルチモアと続き，南はワシントンに至るまで，約600kmの間に大都市が列をなして並んでいることに気づく。いわゆるメガロポリスと呼ばれる都市群である。

　経済的にも大規模であり，人や物の移動・通信で密接に結びつき，列をなしている大都市群は，世界的にみても数少なく，日本のさいたま市・東京（23区）・川崎市・横浜市から名古屋市・京都市・大阪市・神戸市，広島市・北九州市・福岡市に至る太平洋ベルトの都市群にも匹敵する。都市間の結びつきを地理的につかませるよい指標となる。

　以上のように，アメリカ合衆国を事例に辞書的な世界地図の使い方を紹介してきたが，もちろんほかの地域でも可能である。指導の工夫を試みてはいかがであろうか。

第8節　中学校へつなぐ指導－土地利用と段彩から地理的な見方を習得－

　地図帳を開くとカラフルな「色」が目に飛び込んでくる。主題図を除いた

多くの地図で，黄緑，うす茶（黄色も含む），水色の3色が印象に残る。黄緑系は水田を示す。とりわけ日本の地方図では，水田の黄緑が鮮やかに目だって見える。おそらく，うす茶系が背景色となって緑系の「田」や「畑」「茶畑」などを際立たせているのだろう。また，水色系の海や湖も，海岸・湖岸付近の土地利用を引き立たせてくれる。このように，土地利用に付けられた色をいわば「地」と「図」の関係で見ることが，土地利用に興味を持ってもらう，中学校における地図学習のファーストステップなのである。

🌐 土地利用は地域の開発を物語る

中学校の地図帳に掲載されている東京都の拡大図を例にして，土地利用の指導ポイントを述べたい。

この図の凡例には，「市街地」とあり，黄色で示されている。まずこの色に焦点を当てて，生徒に「東京の周辺に広がる黄色（市街地）の範囲を丁寧に指で辿ってみなさい。」と指示する。「丁寧に」が重要である。ぼんやりと眺めていては見えてこない。

市街地の範囲から何が見えてくるのだろうか？　答えは，東京圏の若い姿である。その範囲を東西南北で確認すると「千葉市の方角には，東京湾岸に沿って細い黄色で着色された地帯が見つかるだけなのに，三鷹市や立川市のある西，川崎・横浜市のある南，そしてさいたま市のある北には大きく黄色が広がっている」という事実が発見できる。次に「黄色の範囲は，全体としてどのように広がっていますか？」と問いかける。生徒から，「まるでアメーバの形のように広がっている」と答えを引き出せたら成功である。黄色の範囲が，鉄道や主要道路に沿って神奈川県や埼玉県，そして千葉県にも伸びている。

一方，緑系の水田や畑が埼玉，茨城，千葉の各県に広がっていることにも気づかせて，「東京の周辺には，どうして緑系の土地利用が広がっているのですか？」と問いかけてほしい。近郊農業の意味を理解する手助けとなるだろう。ところどころに散在している果樹園を示す赤い斑点も，近郊農業の意

味を示している。

　凡例をもう一度見てみれば，紫色が「工業地」であることに気づく。薄い紫色の工業地が，水色系の東京湾岸や荒川下流（川口市付近）に広がっている姿にも気づかせて欲しいものである。

　東京という大都市を生き物に例えれば，東京湾が口に見えてくる。さしずめ荒川は食道だろうか。工業地はその口に生えた歯である。歯がなくては東京という大都市圏も生きていけない。

　以上のように，土地利用の違いや市街地の変化，工業地の分布は，東京の開発を物語るのである。

🌐 地図を重ね合わせてみる

　土地利用と関連づけ，様々な要素と重ね合わせて地域を見るレイヤー（層）地図の考え方も大切である。地域は，いろいろな事物・事象でつくられた薄い層のようなもので，層の重なり合いで地理的な現象（都市圏など）が生じるという考え方である。人口が集まっている層と地形的に低い土地の層，交通機関が発達している層，工業地帯の層が，ほぼぴったりと重なりやすいことなどは，代表的な見方となる。手順としては，河川と高さの色分け，市の記号，交通の要素，土地利用と産業記号，歴史地名を地図帳から抜き出し，トレーシングペーパーにそれぞれを写し取り，合計５枚のレイヤー地図をつくること，それらの地図を複数重ね合わせて，じっくりとレイヤー同士の関係を考えることなどがおすすめである。

　こうした作業学習によって，地域は複合的に成り立っていることに気づき，地理的な見方・考え方の基本が身に付くことになる。

　さらに地図の重ね合わせに加えて，統計やほかの主題図と組み合わせていけば，資料活用の能力も高めることができる。地図の重ね合わせは，思考の重ね合わせにもつながる。これは複雑な現代社会を読み解く力として，重要な学力なのである。

🌐 等高段彩で山地を読み取る

　凡例には，標高ごとに色分けされた等高段彩が付けられている。これを使って中部地方の地図を見てみたい。標高600m以上の山地・山岳と，600m未満の台地・平野との違いがはっきりとイメージできる。

　飛騨山脈，木曽山脈，赤石山脈の東南斜面に陰がつけられ，立体的に見える工夫が施されている。これは人間の錯覚を利用したもので，レタリングで文字を目立たせる場合に，字の右下を太くする工夫と同じである。

　一方，等高段彩の凡例で土地利用とかかわりが強い標高は，もちろん0〜600mの範囲である。

　凡例では0〜600mが同じ区分けになっているが，細かく地図を見れば，0〜600mの標高帯に田や畑，果樹園，市街地の土地利用も入っていることが分かる。つまり，都市の主要部分は，この標高帯の下半分を占めている事実もきちんと教えたい。先に作成した交通機関のレイヤー地図（トレーシングペーパーをかけて鉄道や高速道路，主要国道だけを写し取った交通機関の地図）と，600m以上の段彩で塗られた山地の地図を重ね合わせて考えると，ほとんど重ならないことが分かる。交通機関がある場所は，傾斜のきつい山地を通りにくく，平地を走っていると言ってよいので，結局市街地は低い土地に集中しがちであること，さらに工業地も多いことなどが読み取れる。

第9節　小学校高学年から中学校につなぐ地球儀の指導ポイント

　地球儀は地球の形を模した教具である。しかし，実際の地球を単に小さくしたものでなく，印刷された地図が球面に貼り付けられている教具なのである。したがって，教具としてさまざまな工夫が施されている。以下に，地球儀を用いた社会科指導において，授業が円滑に進められる指導のポイントを記してみたい。

Point ① 地球儀の回転に注目

　何といっても，地球儀は掛け地図と違って回せることが魅力である。球体にリングやアームが取り付けられ，台座の上で少し斜めに傾き（地軸の傾き），浮いているように見えることが特色である。子どもが手にすれば，誰でも回し始める。そのときが指導のツボである。「どちらから回すのが正しいですか？」と発問してみよう。子どもは高学年にもなっていれば，地球が自転していることは既に知っている。「地球は西，つまりユーラシア大陸のある西側から東に向かって回っています。地球儀では付いている軸を中心にして回っていますが，本物の地球に軸はありませんよ。」「大陸の東の端に位置する日本は，東に広がっている太平洋から日の出になり，ユーラシア大陸の人びとよりも一足早く朝になる国なんですね。」と説明したい。このフレーズは，日本の国旗の由来と 6 年生の歴史学習で習う，聖徳太子の言葉「日出る国…」の学習の布石にもなる。

　自転は，昼と夜の区分を感じ取るためにも大切な概念で，是非，一度は教室を暗くして光を一方から地球儀に当てて，昼と夜の区分を解説したい。その際，日本の位置に児童が注目しやすいキャラクター（地球儀の表面に人形のような姿の紙を貼り付ける）を貼り，回転させつつそのキャラクターに次第に光が当たるように工夫したい。懐中電灯の光がキャラクターの顔に当たり出した瞬間，「今が日の出です。人形の顔に朝日が当たっていますね。」と補足するとよい。また，人形の真上に懐中電灯の光が注ぐ段階になった瞬間，「ちょうどお昼の12時になりました。」「日本はお昼です。それでは日本の反対の国々は何時ですか？」と切り出すのである。

　地球儀は，地球上の昼夜の変化を説明する際に欠かすことのできない教具である。回す楽しさと連動して，すかさず「今，日本はお昼ですが，深夜の12時の国はどこですか？」「テレビのニュースで，毎日，世界の株式市場の売り買いの情報が入ってきますが，ニューヨーク市場が今開きました，などというアナウンスを聞いたことはありませんか？」「女子サッカーの世界大

会で，なでしこチームの試合が日本時間と大きく違っていたことを覚えていますか？」「地球は24時間で1回転します。ゆっくりのようだけど，私たちは，実際はすごい速さで回りながら地表でくらしているのです。」「地球はこのように1日で1回転しながら，太陽の周りを1年間かけて回っているのです。これを公転といって，自転＋公転で1年間が進んでいきます。」と丁寧に解説したい。自転や公転については理科でも指導するが，社会の事柄と絡めて指導することで地球儀への理解も深まっていく。

Point ② 大陸と海洋の形に着目

　学習指導要領で指導が明記された，世界の六大陸と三つの大洋については，まず地球儀で扱うのが本筋である。なぜなら，地図帳や掛地図に掲載されている世界地図に比べ，面積が正しく表示されているからである。

　指導ポイントは，人差し指で大陸の輪郭をなぞらせることである。なぞらせながら，大陸名を口に出して言えるように促してほしい。スエズ運河やパナマ地峡など，大陸の切れ目も忘れずに教えることが必要である。図として大陸が認識できれば，海洋はその背景として扱えばよいので簡単である。その際，北極と南極周辺について，つい指導を省いてしまいがちになるので要注意である。地球儀を傾けて北極や南極を見せてほしい。

　発展的な指導として，面積が正しくないミラー図法やメルカトル図法による世界全図で，グリーンランドをトレースして地球儀上のグリーンランドと比べる学習（縮尺が同じでない場合があるので見比べる程度でも可）や，アフリカ大陸の大きさに着目させる学習も大切である。特に，アフリカ大陸はユーラシア大陸の次に大きな大陸であるにも関わらず，これらの図法の世界全図で眺めると，そう大きな大陸として見えない難点がある。これは，日常，極地方が大きく表示される世界全図を見慣れているため，どうしても，相対的にアフリカ大陸が小さく見えるイメージに引きずられた結果である。地球儀で「しっかりとアフリカ大陸を見てごらん。例えば，アフリカ大陸を横に

スライドさせて日本の近くに持ってきた場合，北端のアルジェリアが東京あたりとした場合，南端の南アフリカ共和国はどのあたりになりますか？」と発問するのである。広大なアフリカ大陸の姿に児童は注目するはずである。

Point ③　赤道に着目

「赤道というから，本当の地球上にも赤いラインがぐるっと敷かれているかな？」などと教師が発言したら，子どもたちの興味を引き付けること間違いない。衛星から撮影した地球の写真を見せて，本物の地球と地球儀を見比べさせてほしい。案外，子どもは興味を持つ導入となる。

ところで40,075.017kmにも及ぶ赤道の全周は，いわば地球の胴体の大きさである。赤道上の経度１度分の弧の長さは111.312kmになるが，赤道の人たちはわずか４分間で約100kmもの距離を自転によって移動していることになる。この計算は，24時間で360度を回転する自転であるため，まず24時間を分に換算する。すると1440分になるが，これを360で割るのである。そうすると，経度１度の自転に要する時間が４分と計算できる。黒板に，大きな地球のイラストを描いて教えてほしい。赤道付近の人たちは，わずか４分で約100kmも動いているなんて面白いと感じるだろう。さらに，赤道の通る国（13か国，太平洋の島嶼国家も含む）や都市（シンガポールやキトなど）を地図帳も使って調べさせたい。世界の国々の中で，熱い地域の国々が判明するからである。

Point ④　経線と緯線を指でなぞる

地球の番地とも言える経度と緯度は，世界中の位置を正確に示すことができる点で，是非気付かせたい事柄である。地球儀や世界全図に縦横に引かれている線を目ざわりと認識させてはならない。経線と緯線は，理科でなく社会科で扱うべき内容だからである。黒板の中央に，「日本標準時子午線」と大きく縦書きで板書する。その脇に縦の直線をチョークで引き，その直線の上に，135°という数字を書くだけでこの内容の指導が開始できる。「にほん

ひょうじゅんじしごせん，っていったいどんな意味だと思いますか？」と発問してみる。5年生は，「しごせん」という聞きなれない用語に着目するだろう。干支の数は十二支である。古来から，日本では中国の暦の影響を受けてこの十二支を方角にも当てはめて認識してきた。その中の子（ね・北）と，午（うま・南）の方角が北と南を示すために使われている。「にほんひょうじゅんじ」は，たやすく予想できる。しかし，どうして兵庫県明石市を通る135°を日本標準時に制定したのだろうか。この135という数字は，時差の学習にまで発展することになるので要注意である。地球の自転は24時間で1回転であることを再び思い出させて，360°を24で割らせるのである。そうすれば，1時間当たり，15°の経度を自転することが判明する。次に日本標準時の135°という数字と，15°という数字を並べて板書するのである。「この二つの数字にはどんな関係がありますか？」と発問する。ちょうど9時間の時差で，日本の標準時を設定した明治政府の判断が理解できるようになる。

Point ⑤　本初子午線と赤道の交点に着目

　地球儀でしかできない重要な指導内容である。イギリスのロンドン市のグリニッジ天文台の真上を通っている経線0°，つまり本初子午線（本初とは最初の子午線という意味）と，アフリカのガーナの沖合に通っている赤道の交点を，指で指させて指導するのがツボである。これこそ地球に引かれた経線と緯線のマス目の座標原点だからである。従来，どういうわけか，この原点の指導はほとんどなされてこなかった。日本で使われている世界全図において，日本が真ん中にあるためなのか，これまであまり重視されてこなかったことであり，改善すべきであろう。先に示した日本標準時子午線の指導の延長で，黒板の左端に本初子午線の縦線と，黒板のやや下部に赤いチョークで赤道を水平に引いてほしい。この二つの線の交点から，矢印（→）を上下，左右に付けて，北緯と南緯，東経と西経と板書するのである。日本標準時である135°は，東経135°と表示すると説明し，あらためて押さえておくとよい。

このほかにも，ハロゲンヒーターを地球儀とセットで使用する指導も興味深い。注意しながら行ってほしいが，ビニル製の地球儀ボールに，赤道の水平になる方向からハロゲンヒーターを当てて，極地方と赤道付近の温度差を感じ取らせるのである。もちろん，太陽光線の入射角度の違いでなく，赤道付近がヒーターにより近づいているために温かく感じるわけだが，極地方がなかなか温まらない現象を，実感的に理解させる上でも効果的である。温度の違いを感じ取った後で，地球を赤道付近・極地方・その中間の三つの気候帯に分け，色分けして示せばイメージもわくだろう。地球のおおまかな気候帯が分かると，国土の学習でも北海道や東北地方がより寒くて，沖縄県が暑い理由が腑に落ちていくようである。中学校に上がり，各地の雨温図などをたくさん見せられ，納得のいかないままに学習が進んでいくことよりもずっと効果的である。

　以上，地球儀の指導ポイントを５点挙げてきたが，これらは地球儀という教具の特性に寄って，指導すべきポイントを述べたに過ぎない。地球儀という教具は，教室に置いておくだけでもグローバルな雰囲気を醸し出す。また，ハンズオンの地図学習の一つであり，児童にとっても手で触りながら，考えることのできる魅力に富んだ対象であろう。アメリカの小学校高学年の授業で見たが，ハンドボールを十数個使い，ボールに印刷されていた赤い帯線を使って赤道を解説していた様子が印象に残っている。アメリカでは，風船地球儀を全児童に１個持たせているという。グローバルな社会に育つ子どもたちの，資質形成に積極的に対応していたように感じられた。

　地球儀を頻繁に登場させ，社会科の単元学習の中でも活用すべきである。第４学年の県の学習でも，姉妹都市のある外国を調べる際にも，第５学年の食料生産の単元で外国から多くを輸入している農産物を扱う場合でも，森林の保護を学ぶ環境単元でも，そして第６学年の日本の歴史の場面でペリーの来た航路を調べさせる場合でも地球儀は活用できる。こうした地球儀の活用が中学校に上がった際に学習の基礎となる。ただ，その前に教師が地球儀にもっと親しむことが大切であろう。

6章 地図＆地球儀活用のストラテジー

　最終章になった。ここでは，さらに地図＆地球儀活用を進めるため，新たに三つの観点から教育上の戦略（ストラテジー）を述べてみたい。一つめは，地図＆地球儀は，小学校第3学年から第5学年の社会科指導場面で，最も活用頻度が高くなるのはいうまでもないが，生活科や小学校第6学年社会科においても，地図＆地球儀活用を工夫することで，小学校6年間の系統的な指導体系を意識してはどうか，というストラテジーである。二つめは，アメリカやイギリスで重視されている，マップ＆グローブスキルやグラフィカシィとよばれている能力形成に学び，地図を軸にした思考ツールやグラフや統計処理，画像認識能力などの学習技能を，もっと学力観の中できちんと位置付けてはどうかという戦略的な提案である。三つめは，東日本大震災を契機として防災教育の充実が求められているが，地図＆地球儀を防災力育成の要として活用してはという提案である。以下，順に解説してみたい。

第1節　6年生や低学年でも使える地球儀

　小学校高学年における地図＆地球儀指導のアイデアは，第5学年を中心に想定した内容であった。しかし地球儀を，5年生だけで使う教具と位置付けてはもったいない。6年生でも十分に活用場面はある。一つは，日本の歴史を学ぶいくつかの場面で，もう一つは，日本と外国とのかかわりを扱う単元である。

　では，歴史学習ではどの場面で扱うのだろうか。地球儀に限って言えば，

6章　地図＆地球儀活用のストラテジー

最も効果的な場面はペリー来航である。黒船は北米東海岸バージニア州ノーフォークから出航し，アフリカ南端の喜望峰を回り，東南アジアから上海に来て，琉球および浦賀沖に来航している。この航路を，地図帳に載っている世界地図や掛地図で辿ると，地図の表示の限界があるので，どうしても大西洋で切れてしまい理解しにくくなる。太平洋を渡る航路を開発したかったペリーの考えは，地球儀を使った方がよく伝わる。江戸末期に活躍した，伊能忠敬による地図づくりも地球儀と関係がある。伊能は，緯度１度分の長さを割り出したかったため，江戸から北海道までの南北の経線に沿った距離を測量したと伝えられている。

　さらに単元「世界の中の日本」では，世界地図とともに地球儀も活躍する。北半球と南半球の国では季節が反対であることや，文化や貿易でつながりが深い外国を調べる際など，地球儀でもその位置を確かめる機会を設けた方がいい。日本からの距離や気候の違い，大陸や国の面積比較など，地球儀ならではの学びどころがある。

　一方，低学年でも地球儀活用の場面がある。生活科において，例えば，外国から来た手紙を扱ったり，まちたんけんで見つけた外国料理店が示す国を確かめたりする場面，動物園で見かける白クマやペンギンの棲む場所を教える場面，地球儀モビールを作成する場面などである。地球儀モビールとは，天井から吊り下げて楽しむ紙地球儀（東西半球の図を貼り合わせる）のことで，手軽に扱えるメリットがある。次の写真19，20は，筆者の知人で，全米優秀教員賞も獲得したシルビア教諭が，小学校２年生の教室で見せてくれた地球儀モビール製作の授業風景である。作り方は簡単である。写真21のように，台紙を作成し，色を塗らせる。色鉛筆で大陸は緑色で，海洋は水色で塗り，マジックで主な地名を書けば地図はでき上がる。はさみでまるく東西半球を切り出して，貼り合わせる。その後，穴あけパンチで一つだけ北極点付近に穴を開けてそこに紐を通す。その紐を天井から吊り下げれば，綺麗なモビールができ上がる。一般に，アメリカの教育現場では，地球儀は子どもたちにとってかな

り身近な教具になっている。教材販売店では書き込み式の地球儀（ホワイトボードに似た材質で，経緯線だけが薄く入った白い球面）もあった。日本にも欲しい教具である。地球儀は高学年で使うと頑なに考えないで，もっと早い時期から触れさせて，正しい世界認識を養いたいものである。

写真19　天井から吊り下げられた地球儀モビール（ミネソタ州公立小学校）。

写真20　教室に常備されている地球儀とカラフルな読み物。

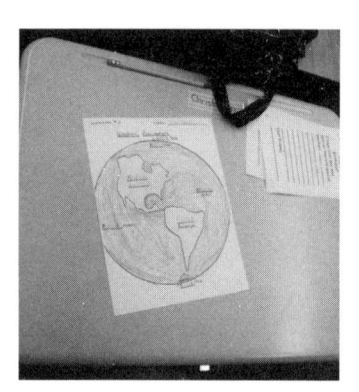

写真21　東半球図に着色したところ（はさみでこの後切り離し，西半球図と貼り合わせる）。

第❷節　アメリカで重要視されるマップ＆グローブ指導

　一般に，学校教育で使用する地図は平面地図であり，地形図や各種主題図に代表される学術性の高い情報媒体でもある。しかし，子どもにとっての地

図の在り方を考えていく場合，もっと子ども自身の空間認識の様相に関心を持って，教育を実施しなくては効果があがらない。なぜなら，実社会という空間を理解することは同時に学習者にとっての空間認識の形成に直接かかわるからである。専門的な学問である地理学の応用面や，啓発面で地図が果たす役割は大きいものがあるが，本来の地理学そのものの発達をふり返るまでもなく，地図ははるか以前から人間に活用され，地図そのものに人間形成の役割があることを再認識したい。

未知の空間を識ることは，人間が地表の上で生活していく上で欠かせない知識の体系でもあり，人間の生き方を左右する郷土・国土・世界像の形成に大きく寄与する。人間形成の重要な側面を担う学校教育において，地理教育は主に社会科という教科の中で役割を果たしている。そのため，学習指導要領という，国が定めた教育内容に大きく左右されることになるものの，地図・地球儀・空間認識を窓口として，社会科（地理）教育の改善に向けてのストラテジーを提案したい。

🌐 マップ＆グローブスキル

地図と地球儀は，空間の視覚化を進める上で兄弟関係にあるともいえる。地図は平面であるが，地球儀は立体（球体）である。しかし，地球儀の表面を二次元的に捉えてみれば，地球地図となる。地球儀では，投影法というやっかいなファクターを無視できないが，地図は概ね地表の姿を正確に映し出してくれる。学習者である子どもが，地図と地球儀をどのように読み取り，学習や生活を進める上で活用していくのかに関心を抱かなくては，確かな見識を持った教師とは言えない。教師にとって地図と地球儀に関する技能は，子どもに絶対に身につけて欲しい学習技能である。米国ではマップ＆グローブスキルとよび，教育界だけでなく一般社会においても認められている。

考えてみれば，現代社会はマップ＆グローブスキル無くして，正しく読解できないほど複雑で情報化された社会になっている。中国の内陸部にあるチベット自治区で起きた地震災害のニュースや，遠く南米チリの鉱山事故の報

道を聞いて，それがいったいどのあたりで起きた出来事なのか，どのような標高の地点であり，どのような気候の場所なのか，植生は何か，災害にあった人たちは救出されるのか，など現地の風景を想像する上で，マップ＆グローブスキルの技能は欠かせない。

　とりわけ地球儀は，赤道を挟んで南半球の土地の季節を想像し，緯度からおおよその気候を割り出す際に有効な道具である。ニュースを深く読み解くだけに限らない。実は，地図や地球儀は，日常生活の中で多用されている。例えば，会議が開かれる都心の建物を探す場合にはくわしい都市地図が重宝する。車で移動する者にとっては，カーナビの情報もおおいに活用されているだろう。「毎日が地理学している」のである。地球儀は，日常はあまり使わないかもしれないが，いざというときに力を発揮する。南半球から来日した日系ブラジル人と会話する場合や，地球温暖化や海洋の汚染の様子，探検家の探検ルートを調べる場合，海外旅行で時差を計算する場合など，地球儀無くしては理解しにくい。

　マップ＆グローブスキルは，言い換えれば現代社会を生き抜くツールであり，同時に核となる知識（コア・ナレッジ）なのである。

🌐 スキル（技能）としての地図・地球儀

　次に，空間認識とマップ＆グローブスキルの関係も検討してみよう。

　地図のイメージは，架空の空間を想像する場合もあるが，ほとんどは現実空間の投影である。地図は，その中で地図言語と呼ばれる一定のルールに従って描かれた空間表現であり，人間の空間認識とはいささか異なる。イラストマップや，不動産販売のチラシのような特定の意図にもとづいた地図を除けば，一般的には地図にはそれほどデフォルメ（誇張）はかかっていない。

　一方，個人の空間認識はかなり誇張や歪みがあると予想される。わたしたちは，なじみの場所を大きく，あるいはそこまでの距離も近く感じ，疎遠な場所は遠くに認知しがちである。西日本に住む人間が，東日本の都道府県名の名称と位置認識が曖昧になってくる傾向や，国家という知識についても東

欧やイラン，アフガニスタン，アフリカ諸国などはどうしても日本人の世界像の中で位置づけが弱い。

　つまり，空間認識は自己の持つ知識量や，関心の差が表れやすい心理なのである。だからこそ，地図や地球儀は私たちの空間認知の状態を是正し，リアリティをもたらしてくれる役割を担っている。場所が正確に頭に描けるということは，その場所への訪問経験や関心がしっかりとあり，なおかつ頭の中に地図を想像することができることを意味している。地図をイメージできれば心理的にも安定する。単に自分のいる場所と，関心のある場所の二点だけしか認識できない，いわばルートマップの表象にとどまっていては本来の安定感を保持できない。

　ともすれば現代人は通勤や通学で決まったルートを往復するだけの日常を送りがちである。そのことは，心理的な安定をもたらすとは考えにくい。職場までの複数のルートマップを意識でき，次第にサーベイマップの心理状態に達することが，地図的な空間認識に近づき，精神的にも安定してくる。その意味で，地図や地球儀と空間認識の関係は，パーソナルな様相を持っている。頭の中の空間認識をもし視覚化できたとすれば，市販されている平面地図や地球儀とは違った姿になるだろう。地図や地球儀と比べ，頭の中で認知された情報量の濃淡の違いは大きい。

　過去の人間の歴史を紐解けば，世界地図や地球儀を初めて見た明治期の日本人が，「日本とはこんなに小さい島なのか」「大国の間に挟まれた小国なんだ」「地球儀の真ん中からやや上の中緯度に位置しているから，四季がはっきりしているのか」などとつぶやいたことを知るだろう。

　江戸から明治にかけての日本人の空間認識の様子を現代の人々のそれと比較できたとすれば，少なくとも地図や地球儀への憧憬にも似た意識がより強かったことだろう。明治黎明期の小学校として有名な，長野県松本市の開智小学校に収められている地球儀や世界地図の教具を見れば，当時の日本人がいかに正しい世界像を本気で形成したかったのかが伝わってくる。

🌐 「観察・資料活用の技能」にもっと着目を

　観点別評価（評価規準）の文言が一部変わった。児童にしっかりと思考・判断させた結果を，確かな表現につなげるような授業を行うという改訂である。ポイントは「社会的な思考・判断・表現」と「表現」が「思考・判断」にドッキングした点にある。一方，「観察・資料活用の技能・表現」の「表現」がこの欄からは無くなり，「技能」単独で規準がつくられた。「思考・判断・表現」を下支えする観点は「観察・資料活用の技能」であり，さらに「社会的な事象についての知識・理解」がある程度形成される必要がある。観察と地図技能は相互補完の関係にある。小学校社会科学習においては，土地利用や仕事場の観察，地形や文化財（史跡）の観察が単元の中で見られる。これらの題材は地図で理解したり，地図にそれらの広がりを表したりするので観察と地図技能は大いに絡んでくる。

　しかも，点・線・面・地名の要素を備えた地図は独自の言語世界を持っている。二次元の紙の上に描かれた点や線，地名が織りなす世界は，容易に文字に直して表現できない。社会科の基礎基本は，「地図の学力」と言い換えてもよいくらい重要なのではないだろうか。

第3節　英国のグラフィカシィから学ぶ地図学習

🌐 Graphicacyの登場

　この数年間，英米の社会科教育学会に参加して感じることは，日本ではあまり論じられない学力が注目され始めていることである。それは，グラフィカシィ（Graphicacy）とよばれる地図学習を核とした学習技能の育成である。英国系の諸国でも伝統的に文字の読み書き能力であるリテラシィ（literacy），数値の認識・操作技能であるヌメラシィ（numeracy），発話・聞き取り技能であるオーラシィ（oracy）の三つ（3R's）は教育において発達すべき基礎技能であるとして重視されてきた。ここに空間的現象を概念化し，地図や

6章　地図＆地球儀活用のストラテジー

表6　英国系の教育界で重視されている4つの基本的な技能

基本的な技能	情報を扱う方法		主に扱う教科
	受け取り	発信	
リテラシィ literacy	リーディング (読む)	ライティング (書く)	国語
ヌーメラシィ numeracy	数の認識	計算	算数
オーラシィ oracy	リスニング (聞く)	スピーキング (話す)	国語
グラフィカシィ graphicacy	地図，チャート，グラフ，写真の読解	地図，チャート，グラフの作成	社会

＊主に扱う教科は，筆者が日本の教科名に合わせて位置付けた。

チャート，画像，図解，グラフ，統計地図などを読み取り・表す能力であるグラフィカシィが追加されてきた。この4つの基礎学力について表に整理したので参照して欲しい。

　2011年1月初旬にオーストラリアの社会科教員向けの学会（アデレード市で開催，写真22）に参加した折にも，標準カリキュラム表が配布され，その中にグラフィカシィに関する記述が目立っていた。もちろん，英国系の諸国では単に身近な町の地図だけでなく，発達段階に応じて州や国家，大陸，世界（地球）までの様々なスケールの地図が学習材として用意され，幼い頃から平面地図の読み取りやマッピング（描図）が重視されている。画像処理能力の育成法にも長けていて，幼稚園児に対して実際の園庭を真上から見下ろした空中写真を提示し，遊具の位置や園舎の形を当てさせる学習問題も解かせていた。また，小・中学校では，

写真22　オーストラリア地理教員研修会に参加した筆者。

125

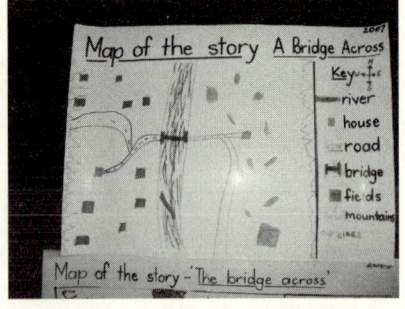

写真23・24　オーストラリアの小学校1年生の描いた地図（右上に方位記号が，また両わきに，凡例がきちんと書かれている）

写真25　アデレード市の中学校の地理教室

電子地図の多用が進んでおり，研修会ではiPadによる地理画像学習が紹介されていた。

　おそらく，現代社会を生き抜く上で大切な，空間的な情報を処理する能力の育成をイギリスやアメリカは高く評価しているのだろう。我が国の小学校の時間割で，国語と算数のみに過剰ともいえる時間数が割かれる傾向に，強い疑問を抱かざるを得ない。

地図の効用

　改めて考えてみれば地図とは，地面（地表）の姿が，図（像）として表現されたものと言い換えることができる。地図は個人的な描き方で描かれる風景画とは違い，記号や彩色など一定の約束事で地表の姿が描かれたものである。獲物がいる場所を岩肌に彫り込んだ旧石器時代の線刻図や，アボリジニーが死後の世界を示した模様，江戸時代に藩の所領を色づけて示した国絵図，市街地の切絵図なども立派な地図であり，球面に世界地図が貼られた地球儀も地図の仲間である。現在の私たちの社会には，住宅地図や路線図，航空図，各種の電子地図など数多くの種類の地図が使われていて，多くは実用的な目

的のために地図が大活躍している。先に紹介した英国系の諸国においても同様であり，各種地図の活用力は国民の必須の能力となっている。

「地図を読めば景観が透視できるよ」と，私の恩師の地理学者は誇らしげにつぶやかれていた。一見複雑な模様のようにしか見えない等高線の入った地形図にも，地形や植生，町並みなど，ひと昔前の地域の姿を読取ることができる。私は，NHKの番組，ブラタモリを欠かさず視聴しているが，地図に示された都市の痕跡を実際に見つけ出したときの感動には，ひときわ知的好奇心が刺激される。例えば，番組で知ったのだが，東大の駒場キャンパスが江戸時代，将軍の鷹狩のための草場であった事実や，二子玉川に走っていた玉電の路線跡などを知ることができたときは，すかさず地図を携帯して現地に行ってみたくなったものである。そうした感覚は，一朝一夕にできたものでなく，幼い頃から町の探検や遠出に出かけ，野外の空間や地図と親しんできた私自身の経験も手伝っているのかもしれないが…。

地図学習は，社会科だけの専売特許でもない。算数の授業で公園の敷地面積を縮尺の入った地図を使って算出したり，国語で「ごんぎつね」の舞台を地図で読み解いたり，理科で生き物の棲家の地図を作成したり，図工で無人島の設計図を描いて粘土模型をこしらえたり，総合で「私の観光旅行プラン」を地図で立案するなど，いろいろな学習に広がりを与えてくれる窓口となるのである。

第4節 地図＆地球儀で学ぶ防災の授業

東日本大震災を契機に学校現場にも，確かな防災教育が求められている。一般に，災害安全教育は，自然災害の発生メカニズムや地域の防災についての基本的な「知識・理解」，適切な避難の方法や応急処置を身に付ける「技能・行動」，生命を尊重し，進んで他の人々や地域の安全に役立つことができるような「参加・態度」の三つの能力を育成することがねらいになっている。

全校で実施する避難訓練だけでは済まされない「防災の授業」が求められつつある。

「災害は忘れた頃にやってくる」(寺田寅彦の言葉)と警鐘が鳴らされているが，防災の授業は忘れた頃にやっていては困る。その防災の授業の中で，地図は主役を占めるほど有効な教材であるに違いない。地域を生かした視点から各学校ですぐに取り組め，地図＆地球儀を軸にした防災の授業づくりポイントを二つ記してみたい。

🌐 災害予測地図(ハザードマップ)の活用と作成

第一のポイントは，ハザードマップとよばれる災害予測地図を，子どもたち自身の手で作成することである。時間的な制約もあり，地域に出かけて調査する機会を設けることが難しいかもしれないが，総合や特活の時間も使い学校周りの「まちかど点検歩き」と「手づくりハザードマップ」製作をワンセットで実施することをおすすめしたい。水災害や地震に絞れば留意点は次の5点である。

① 豪雨時に水が溢れてくる水路や，マンホールはないかを点検し，地図に表す。
② 地震の際に壊れる危険のある塀や壁，窓ガラス，墓石や自販機はないか，崖崩れが予想される斜面はないかを点検し，地図に表す。
③ 上流から流れてくるゴミや枝，木材などが橋脚に溜まり，堰のようになる橋はないか，避難を妨げる要素はないか地図に表す。
④ 低い土地はないか，特に天井川になっている地区はないかを調べる。
⑤ 海辺で台風時や高潮，津波の際にコンテナや資材，車が押し流されてくる資材置き場や，駐車場はないかを役所に尋ねて把握しておく。

これらを留意しながら街角を歩き，地図に記入し，ハザードマップの要素にしていく。ゲリラ豪雨が頻発する今日，ベースマップとして学区の住宅地図や1万分の1地形図を入手し，標高0ｍ～3ｍの等高線をマーカーで引き，緩やかな盆地状の土地がないかを調べることも大切だ。

写真26 コンテストで最優秀となった作品（自分の身体尺度に合わせて水位を示している）。

子どもたちが，自分の身体尺度を使って，浸水危険個所を調べた地図作品（筆者が代表になり開催された，伊勢湾台風50年記念ハザードマップコンテスト）がある（写真26）。文字通り調べた内容が身体化され，実践的な災害からの避難行動に結びつく力となるだろう。

とりわけ，子どもがしばしば遊んでいる公園が，学区のほかの場所よりも低い土地の場合，要注意である。さらに，地震災害では落下物によるけがも気になる。多くは，防災頭巾をかぶらせて下校させる学校が多いが，窓ガラスの破損，ビルの屋上にある窓拭用リフトなどの落下も予想されるため，地図に，それらの落下が予想される道路を着色して目立たせる工夫も必要である。

子どもにリアリティを持たせる指導技術として，「災害が発生した場合，自宅からどこに避難したらいいか，避難所までの道も地図の上で指し示してごらん」と課題を与えてみることも効果的である。「その橋は洪水の場合は渡らない方がいいのでは？」「大きな地震の場合，通学路沿いにあるブロック塀が壊れて倒れるのでは？」「用水路が避難路を邪魔しているね。もっと近道はないのかな？」などと個別にさまざまな障害箇所を指摘しておくとさらに真剣に取り組める。

🌐 地域に残る災害記念碑や新聞記事・古文書を調べる

　伊勢湾台風（1959（昭和34）年9月22日発生，犠牲者5,098人）から50年目を迎えた2009年，筆者は前にも述べた「子どもと共につくるハザードマップコンテスト」を東海地方で主宰した。その際，当時被害が大きかった地区を訪れ，災害の記念碑を調べてみた。記念碑の碑文の裏には亡くなった方の氏名が記され，死者を弔うための慰霊碑も各地に残っている。「くつ塚」とよばれる名古屋市南区にある記念碑には，災害後多くの人の靴が流れて集まったことから名づけられた慰霊碑で，当時，名古屋港の貯木場にあったラワン材の丸太が台風時に発生した高潮と強風でまるで魚雷のように下町を襲ったことが記されている。

　また，愛知県の飛島村という木曽三川の下流に広がる低平地では，堤防建設にあたった土木作業者の苦労に感謝する記念碑もあった。神社の建屋が流されたところでは，住民が神社を再建したことを祝う復興記念碑もあった。これらの記念碑を見るにつけ，後世の人々にいかに災害を語り継ごうとしたか，被害に遭われた方々の切実なる思いが伝わってくる。また，地元の新聞である中日新聞の当時の記事も集めた。新聞からは，刻々と報道される被害の様子や復旧までの道のりを文字や写真でふり返ることができるため，災害を今に知る有効な資料となる。新聞記事に紹介された場所を地図で確かめれば，過去にどのような災害がその場所で起きたのかがリアルに伝わってくる。記念碑についても，それがどこに造られているかを地図上で確かめたい。地図は，地に足をつけた防災の授業に欠かすことのできない必須アイテムなのである。

🌐 地球儀で自然災害を理解する

　一方，地球儀は，防災の授業に使いづらいと思われているかもしれない。災害が地域的な現象なので，地球スケールで説明するまでもないと判断されるからだろう。しかし，2011年の東日本大震災を引き起こしたプレート型の大地震や1960年のチリ地震津波，2012年の1～2月の寒波と豪雪を説明

するには，地球的なスケールでその原因や影響について学ぶことが必要である。地球儀には，大陸と海洋，北極，緯度を示す数字が印刷されている。これらを活用することで，自然災害の発生メカニズムについてある程度は解説することが可能である。

防災の5つの観点

ところで，小学校第5学年の社会科に自然災害の防止について扱う単元がある。少ない時間配当（6～7時間）の単元であるが，社会科における貴重な防災単元である。地震や津波，火山活動，水害や土砂崩れ，雪害などの被害の様子や，国，県などが進めている対策，事業を取り上げ，国民一人ひとりが，防災意識を高めることが大切であると気付くように指導する単元である。災害は非日常の出来事であるため，自分に引き寄せて切実感をいかに持たせるか，社会的な見方をいかに育てるかが重要な点である。社会的な見方として，子どもには公助（国や自治体の防災への取り組み）・共助（地域の共

表7 被害を最小限にくいとめるためにどうしたらよいのだろうか

防災の観点	公助（国・県・市）	共助（地域）	自助（自分）
備　え	防災備蓄倉庫 VTR 防災ガイドブック	防災訓練 避難所運営マニュアル 救急キッド	耐震補強（つっぱり棒） 食料や物資，ラジオとライト
訓　練	避難訓練 地震体験訓練	防災訓練 安否確認名簿の作成	避難の仕方と，場所を家族と相談しておく
情報と通信	緊急地震速報 災害用伝言ダイヤル（171） ハザードマップ	ハザードマップ	伝言ダイヤル ハザードマップ 正確な情報
交　通	電車・バスを止める 大通り侵入禁止→帰宅避難者への対応	道を広くしておく 避難ルート	避難ばしご 帰宅方法を決めておく
二次災害の防　止	**地盤を固める** 自衛隊・消防・警察の派遣 **防波堤・堤防の補強**	消防団の訓練 危険な場所のお知らせ	消火器 ろうそく ガスコンロ

注）東京学芸大学附属小金井小学校　小倉勝登教諭の実践から。太字は地図が関係する事柄

同的な防災の活動）・自助（自分自身の命を助ける行為）の三つを捉えさせ，それら相互のつながりを意識づけ，自分の問題として防災を受け止め，自分にできる活動は何かと気付きを高めることが期待されている。

　表7は，東日本大震災後に実施された，小学校5年の社会科授業からのものであるが，東京都が取り組んでいる防災の備えを学習した後，子どもたちからキーワードを出してもらい，指導者である小倉教諭が5つの観点（備え・訓練・情報と通信・交通・二次災害の防止）から模造紙に整理した表である。実に上手く整理されているので紹介したい。この表には，社会科で捉えさせたい防災の要素が集約されている。対話を通して練り上げることで小学生でもここまで整理することができる。一方では，防災にもやはり地図が大きな役割を果たすことが改めて示されている。

　以上，防災に例をとって記述してきたが，歴史や福祉，観光，環境，国際関係（領土や領海）などの現代的なテーマに対しても地図や地球儀は効力を発揮する。その意味で社会科だけでなく「総合的な学習の時間」においても地図＆地球儀の一層の活用が期待される。

あとがき

俯瞰(ふかん)する学びにむけて

　本書は，これまで社会科授業を進めるための単なる手段（教材・教具）として扱われてきた地図や地球儀を子どもの思考力と空間認識を形成するために必須の指導内容として評価しようと試みた教育書である。社会科は諸教科の中で最も地図や地球儀と親和性が高いが，子どもの学力形成にそれらがいかに寄与しているかに関しては案外考察が加えられることは少なかった。地図や地球儀は学習の道具であり，思考を促す脇役に過ぎなかったからであろう。

　ところで，このところ社会科が国語や算数，理科に比べ元気がないのは，リアルな地域像や世界像を子どもたちに提示できていないからではないか。また，子どもの社会生活においても実社会が見えにくくなってきているのも事実である。例えば5月，電車の窓から田に水が一面に張られている光景を眺め，「田植えの季節だな」と感じるだけでも社会科的な思考である。ましてや，日本のコメ作りや引いては視野を広げて外国からの農産品の輸入問題にまで思考を巡らせれば，社会科で培った学力が実社会に生かせているといえる。しかし，多くの子どもたちはそこまでは思考を広げてはいないだろう。社会の出来事が，教科書や地図帳の中の内容と結びつけられていないのかもしれない。

　家族と旅行に出かけて，城郭や歴史的街並みを観光で訪れる場合がある。その際，社会科で習い近世のお城で有名な姫路城と比べて考えることのできる子どもに成長していてほしい。社会科で学んだ知識や見方が実社会で応用・転移できなくては本物の学力とはいえない。地図&地球儀の活用は，学んだ社会事象を図の上で位置付け，上からの視点で捉える能力を育成する。その意味で，「俯瞰する目」を養うことができる。地図&地球儀は言い換えれば，俯瞰力が育つ重要なツールであり，コンテンツでもある。ここで述べたい「俯瞰する学び」とは，社会生活を高い視点から眺め，広がりの中で社会事象を位置付け，多

面的にものごとを捉えることのできる学びを指す。俯瞰とは，上から見下ろすという意味であるが，これを社会科で培われる学力用語として位置付けてみたい。

　・俯瞰の目とはどんな目なのか。
　・地域や地理の俯瞰，時間の俯瞰，人の思いへの俯瞰とは。

　まず，「俯瞰の目」とは，2種類ある。一つは「斜めから眺める俯瞰の目」である。これは，真横からしか見ていない日常の子どもの視点や思考の段階（自己中心的な見方）から，やや視点を上げて，斜め上から事物や事象を把握できる目である。これにより，横から見ているだけでは，物事の背後に隠れて見えなかった社会事象の意味を見つめるようになり，ある程度社会の姿が見えてくる段階を指す。矛盾やジレンマなどの場面設定でも，社会事象を多面的にみる力が芽生える。こうした「斜め俯瞰」によって自分だけでなく，他者の視点の存在に気付いたり，多少広がりを持って社会事象を位置付けたりできるようになる。

　これを地図＆地球儀の活用を通して，「真上から見下ろす俯瞰」に引き上げたい。これは，最終的に社会事象を見る見方・考え方が大人と近い程度に発達した段階であり，小学校では第5，6学年に至る段階である。真上から眺める視点によって，社会事象の広がりがつかめ，全体の中での位置付けや意味が理解できる段階を指す。教科書で言えば単元の最終頁にまとめてある内容の習得と言える。

　さらに，これだけでなく，「地域や地理の俯瞰」や「時間の俯瞰」「人の思いへの俯瞰」も考えられる。「地域や地理の俯瞰」とは，地域社会のしくみや公共の仕事，地域の地理的事象，国土の様子，世界の中の日本などの面的な空間認識の中に社会事象が位置づく俯瞰を示している。この指導方法では地図が多用される。また，「時間の俯瞰」とは，中学年では「地域の昔と道具の変遷」を三世代という時間の俯瞰で位置付けられる力であり，6年の歴史の学習では，「年表の中で歴史的事件を位置付ける力」である。過去と現在がつながり，さらに近未来までもこの俯瞰力で見通せるかもしれない。

　最後に「人の思いへの俯瞰」とは，社会生活を成り立たせている社

会を支えている人々の思いや願い，工夫や努力への共感を単に感情移入して感動して終わるだけでなく，冷静な目で人がどのような思いで仕事をしているのかを理解する目である。日本の農業の学習で「東北地方の農家の人は，美味しいお米づくりをどうしてがんばって作っているのでしょうか？」との発問に対し，「美味しいお米が好きだから」「美味しい米を作るのが楽しいから」と答える目ではなく，「美味しいお米づくり」を積極的に選択して農家の人々は働いている，水田単作地帯である特性を最大限活かす農業として適地適作と品種改良への期待に裏づけられた農業である，との見方に達する目である。この目を養うためには，社会事象を成り立たせている複数の条件について図解で整理できる力を想定している。

つまり，「俯瞰する学び」の効果をあげるために，具体的な指導技術では，地図・年表・図解を駆使すること，本書で扱った「ちずことば」にも通じるが，視点を引き上げる言葉がけを行うこと（俯瞰を促す発問・指示），まとめの段階で地図や年表，図解をラフでもいいから児童に描かせて俯瞰する目を自分自身で視覚化させること，などがこの学びには欠かせないと考えている。次作の教育書を綴る機会があれば，この点をまとめてみたい。

本書を手にとって頂いた先生方にとって，地図＆地球儀の活用を自己の授業スタイルに取り入れて下されば大変嬉しい。本書の読後に地図と地球儀に対する見方を変え，新たな力量として身につけて頂けたらと願っている。

末尾になったが，筆者の社会科修行を進めるに当たり，これまで多くの示唆を頂戴してきた北俊夫（国士舘大），寺田登（文科省），安野功（国学院大），澤井陽介（文科省）の各先生方，並びに松田博康先生をはじめとする玉川大学教師教育リサーチセンター教授の皆様や東京都小学校社会科研究会，横浜市小学校社会科研究会，沖縄県小学校社会科研究会の諸先生方に記して感謝の意を表したい。

寺本　潔

著者紹介

寺本　潔（てらもと　きよし）

　1956年生まれ。熊本大学卒業，筑波大学大学院修了，筑波大学附属小学校教諭を経て愛知教育大学助手，助教授，教授。2009年4月より玉川大学教育学部教授に就任。専門は社会科及び生活科教育学，まちづくり総合学習論，安全教育。
　文部科学省学習指導要領作成協力者（社会：平成10年版，20年版），中央教育審議会専門委員，教育課程実施状況調査委員会委員（社会），名古屋2010計画審議会委員，豊田市教育行政審議会，愛知万博モリコロ基金委員などを歴任。現在，日本生活科総合的学習教育学会理事，日本社会科教育学会幹事，日本地理教育学会評議員，地図情報センター評議員，ちゅうでん教育振興財団評議員，交通エコロジーモビリティ財団教育検討委員等。平成20～23年度には文部科学省研究開発「まちづくり科」の指導で香川県琴平町の教育事業に参画した。教科書執筆では，生活科（大日本図書），小・中学社会科教科書（教育出版）及び小・中社会科地図帳（帝国書院）の著者も務める。
　21世紀日本委員会論文賞，中部開発センター懸賞論文優秀賞受賞。
　単著　『子ども世界の地図』『犯罪・事故から子どもを守る学区と学校の防犯アクション41』（いずれも黎明書房），『子どもの知覚環境』（地人書房），『感性が咲く生活科』（大日本図書），『総合的な学習で町づくり』『社会科の基礎基本　地図の学力』（いずれも明治図書）ほか。
　共著・編　『子どもの初航海—遊び空間と探検行動の地理学』『地理の教え方』（いずれも古今書院），『プロが教えるオモシロ地図授業』（明治図書），『言語力が育つ社会科授業』（教育出版），『里海探偵団が行く！調べる・育てる海の幸』（農文協），『各科指導法　生活』玉川大学出版部，ほか多数。児童向け地図ワーク本として『3年生の地図学習』『4年生の地図学習』（いずれも日本標準）も開発している。

思考力が育つ地図＆地球儀の活用

2012年8月5日　初版第1刷発行

著　者　　寺本　潔
発行者　　小林一光
発行所　　教育出版株式会社
〒101-0051　東京都千代田区神田神保町2-10
TEL 03（3238）6965　　振替　00190-1-107340

©K.Teramoto 2012
Printed in Japan
落丁・乱丁はお取替えいたします

組版　さくら工芸社
印刷　神谷印刷
製本　上島製本

ISBN978-4-316-80357-9　C3037